Geliebter BULLI

Internationales VW-Bus-Treffen in Hannover zum 60. Geburtstag des Bulli, Oktober 2007

WOLFF **WEBER** | MANFRED **KLEE**

Der VW Bus – Arbeitspferd und Kultmobil

Autor: Wolff Weber, München

Co-Autor für historische Berichte und Fachberatung:
Manfred Klee, Koblenz

Co-Autor für Interviews, Live-Stories und Fotografie:
Josef Jung, Limburg/Lahn

Producing:
JUNG MEDIENPARTNER GmbH, Limburg/Lahn

Inhaltsverzeichnis

Vorwort	Seite 10
Wie es zum Bulli kam	Seite 12
Der Bulli T1	Seite 30
T1 Kastenwagen	Seite 40
T1 Pritschenwagen	Seite 44
T1 Doppelkabine	Seite 46

T1 Hochdach-Lieferwagen	Seite 48
T1 Kombi	Seite 50
T1 Bus	Seite 54
T1 Sondermodell	Seite 56
T1 Camper	Seite 60
T1 Sonderfahrzeuge	Seite 66

Inhaltsverzeichnis

Der Bulli T2	**Seite 72**
T2 Clipper und Kombi	Seite 80
T2 Reisemobile	Seite 84
T2 Doppelkabine und Pritsche	Seite 90
T2 Kastenwagen	Seite 92
T2 Sonderfahrzeuge	Seite 94

Der Bulli T3 — Seite 102

T3 Caravelle — Seite 112

T3 Multivan — Seite 114

T3 Reisemobil — Seite 116

T3 Transporter — Seite 120

T3 Syncro — Seite 124

T3 Sonderfahrzeuge — Seite 126

Inhaltsverzeichnis

Der Bulli T4 — Seite 130

T4 Transporter — Seite 140

T4 Caravelle — Seite 144

T4 Multivan — Seite 146

T4 Reisemobil — Seite 150

T4 Sonderfahrzeuge — Seite 154

Der Bulli T5 — Seite 160

T5 Transporter — Seite 166

T5 Caravelle — Seite 170

T5 Multivan — Seite 172

T5 Reisemobil — Seite 174

T5 Sonderfahrzeuge — Seite 180

Der Bulli T6

T6 Multivan	Seite 186
T6 Transporter	Seite 188
T6 California	Seite 190
Die Reisenden	Seite 192
Der Enthusiast	Seite 196
Der Sammler	Seite 210
Die Liebenden	Seite 214
Die Geselligen	Seite 216
Die Bulli-Doktoren	Seite 218
Die Abgefahrenen	Seite 222
Register und Bildnachweis	Seite 224

Vorwort – Das Chaos mit den Namen

Während der Recherchen zu diesem Buch kam es zu vielen Gesprächen mit Bulli-Besitzern und Zeitzeugen, ich sah mir Hunderte Bilder an und las Dutzende von Dokumenten und Beschreibungen.

Am Anfang war es recht verwirrend, und das lag vor allem an der Namensgebung und an den gewählten Modellkürzeln und daran, dass diese vielfach nicht ganz korrekt wiedergegeben werden.

Nicht nur, dass ein Besitzer eines „Kombi" diesen „Bus" nennt, Bilder eines T1-Modells dieses als T2 bezeichnen (vermutlich als Kürzel zu Typ 2, was wiederum korrekt wäre) oder VW erst einen bestimmten Aufbau „Caravelle" nennt und kurz darauf eine ganze Fahrzeuggattung (nämlich die der Personentransporter). Eigentlich beginnt alles schon damit, dass der Bulli niemals Bulli heißen durfte. Denn diese Namensrechte waren bereits vergeben. Versuchen wir also, ein wenig Ordnung ins Chaos zu bringen – es wird Ihnen bei der Lektüre des vorliegenden Werks sicherlich helfen.

Jeder von VW gebaute Bulli ist ein „Typ 2". Der Käfer war das erste Fahrzeug, das im VW-Werk gebaut wurde, und heißt „Typ 1". Man hat einfach weitergezählt und dem zweiten Modell die Bezeichnung „Typ 2" gegeben.

Was man heute als T1, T2 … T5 bezeichnet, ist die Generation. Der T1 wurde von 1950 bis 1967 gebaut (der nette kleine Kerl mit der geteilten Frontscheibe), der T2 von 1967 bis 1979 usw.

Die verschiedenen Aufbauvarianten haben dann sowohl Eigennamen (z.B. „Bus" oder „Doppelkabine") als auch wiederum Typennummern. Letztere wollen wir aber getrost sofort wieder vergessen, ich bin für dieses Buch bei den Eigennamen geblieben und erkläre die Wechsel in den Namensbezeichnungen in den folgenden Kapiteln. Denn ich möchte ja ordnen in diesem Vorwort und nicht weiter verwirren.

Auch an den Spekulationen, ob der Bulli „Bulli" heißt, weil er ein rundlicher, bulliger Kerl ist und somit sofort seinen Spitznamen weg hatte, oder ob es eine zusammengesetzte Wort-Kunstform aus BU-s und LI-eferwagen ist, wollen wir uns nicht beteiligen.

Wichtig ist hingegen, dass wir den Bulli meinen, wenn wir ihn so nennen. Auch wenn wir es eigentlich nicht dürften.

Ebenso wichtig ist es, Ihnen zu sagen, dass wir nicht den Anspruch erheben, mit diesem Buch das umfassende Wissen über die „VW-Busse" bzw. „Bullis" zu vermitteln. Wir geben Ihnen auf den nachfolgenden Seiten alle die Informationen, von denen wir glauben, dass sie „Bulli-Freunde", aber auch diejenigen, die es noch werden wollen, interessieren könnten.

Dieses Buch ist kein Fachbuch für Automechaniker und erklärt auch nicht, wie man die Bremsbeläge oder eine Glühbirne wechselt. Unser Buch erzählt Geschichte und Geschichten über die Bullis und ihre Besitzer. Es gibt Informationen zur Technik der verschiedenen Typen und Baureihen und soll Ihnen Freude beim Lesen und Anschauen machen.

Wie es zum Bulli kam – Die Geschichte

Am 8. März 1950 läuft der erste VW Transporter vom Band: der erste Höhepunkt der Bulli-Erfolgsgeschichte. Doch wann beginnt sie eigentlich? Drehen wir das Rad der Zeit ein gutes Stück zurück und beginnen beim Käfer. Auch wenn er zu Anfang gar nicht so heißt. Einen Moment mal bitte, werden Sie sich denken, ich halte doch hier ein Buch über den Bulli in der Hand. Was interessiert mich denn der Käfer?

Der Prototyp des KdF-Wagens, gebaut von NSU 1934, ist ein direkter Vorfahre des Käfers und damit auch eine Art Urahn des Bullis.

Die Antwort ist einfach: Ohne den Käfer, seine Entwicklung und die daran beteiligten Personen hätte es den Bulli, so wie wir ihn kennen und lieben, nicht gegeben. Also zurück zur Historie. Und zum Käfer.

1931 besitzt nicht einmal jeder vierzigste Deutsche ein Kraftfahrzeug. Auf der Automobilausstellung in Berlin fordert Hitler einen „Volkswagen", ein Massentransportmittel, in Großserie gefertigt. Er verspricht der Automobilindustrie Unterstützung.
Ebenfalls in diesem Jahr gründet Ferdinand Porsche in Stuttgart sein eigenes Konstruktionsbüro, aus dem später die Sportwagenschmiede hervorgeht. Ferdinand Porsche ist zu diesem Zeitpunkt 55 Jahre alt und gilt als äußerst erfolgreicher und fähiger Fahrzeugkonstrukteur. 1934 erhält Porsche den Zuschlag zur Entwicklung des Volkswagens.

Bereits ein Jahr später werden die ersten Karosserien nach Porsches Vorgaben geliefert – allerdings nicht aus Wolfsburg (das es zu diesem Zeitpunkt noch gar nicht gibt), sondern von „dem Daimler" aus Porsches Nachbarschaft bei Stuttgart. Daimler-Benz baut auch die ersten Prototypen für die Straßenversuche.

Beleuchten wir das Stichwort Großserien-Fahrzeug näher: 500.000 Volkswagen sollten jährlich produziert werden – dafür brauchte es eine neue Fabrik. Und wenn man schon dabei war, gleich eine ganze Stadt für die Fabrikarbeiter. Warum auch nicht. Am 26. Mai 1938 legte Hitler den Grundstein des VW-Werks auf der Nordseite des Mittelland-Kanals, nordöstlich von Hannover. Zentral in Deutschland und gut an alle Verkehrsnetze angebunden.

In Ferdinand Porsches Konstruktionsbüro (um 1937). Heute werden Neukonstruktionen mit Computern dreidimensional dargestellt, damals hatte man dafür nur Lineal, Zeichenbrett und die eigene Vorstellungskraft.

Wie es zum Bulli kam – Die Geschichte

Ferdinand Porsche

Professor Ferdinand Porsche ist gewissermaßen der Großvater des Typ 2. Er konstruierte den Käfer, auf dem wesentliche Teile des Bullis basieren.

Seine jüngere Geschichte ist vielen bekannt: Er eröffnete sein Konstruktionsbüro 1930 in Stuttgart, entwarf Motoren und Automobile für viele verschiedene Firmen, später baute er Sportwagen. Sein Werdegang in jungen Jahren ist aber fast noch spannender.

Porsche wurde 1875 in Österreich geboren. Er lernte erst in der väterlichen Spenglerei, dann bei der Vereinigte Elektrizitäts-AG Béla Egger in Wien. 1896 meldete er seinen Radnabenelektromotor zum Patent an und wechselte wenig später zur „Jacob Lohner & Co., Wien", dem k.u.k. Hofwagenlieferanten – beide Stationen waren ihrer Zeit voraus und absolute High-Tech-Unternehmen.

Aufgrund der in einigen Jahren zu erwartenden Vielzahl von Verbrennungsmotoren befürchtete Ludwig Lohner „verdorbene Luft". Kommt Ihnen das bekannt vor? Die Lösung heißt „Lohner-Porsche Semper Vivus" (Sammelbezeichnung für Fahrzeuge mit elektrischen Antrieb), den er mit Porsche gemeinsam konstruierte. Er wurde 1900 auf der Weltausstellung in Paris präsentiert und hatte einen Elektroantrieb. Mit seiner 410 kg schweren Bleibatterie kam er 50 km weit und wurde bis zu 50 km/h schnell. Seine größte Schwäche war jedoch die geringe Reichweite – klingt das nicht nach sehr aktuellen Problemen? Nachdem auch größere Akkus (von bis zu 1800 kg) keine zufriedenstellende Lösung brachten, montierte Porsche einen Verbrennungsmotor, der die Batterie während der Fahrt wieder auflud. Der sogenannte „Mixte-Wagen" war eines der ersten Hybridfahrzeuge überhaupt. Man schrieb das Jahr 1902 …

Elektromobil „Lohner-Porsche" von 1900. Man erkennt die Radnabenelektromotoren an den Vorderrädern. Drei Stunden lang hielt der Bleiakku.

Es folgten Stationen bei der Österreichischen Daimler-Motoren-Gesellschaft (Entwicklungs- und Produktionschef, später Generaldirektor), bei Daimler/Daimler-Benz in Stuttgart (Vorstand) und bei Steyr (Vorstand). Während des Krieges wurde Porsche in die Rüstungsindustrie der Nazis integriert, er entwarf unter anderem Panzer und den Kübelwagen. Ab Dezember 1945 saß er zwei Jahre in französischen Gefängnissen. Ferdinand Porsche starb 1951 in Stuttgart.

Ein KdF-Wagen auf der Automobil- und Motorradausstellung in Berlin 1939. Er entspricht schon sehr genau dem Käfer der Nachkriegszeit.

Zwischenzeitlich wurde das Fahrzeug umbenannt: Es hieß nun KdF-Wagen („Kraft durch Freude", nach der Sozialorganisation der Deutschen Arbeitsfront). Und so kommt es schließlich durch Verordnung des Oberpräsidenten der Regierung Lüneburg mit Wirkung zum 1. Juli 1938 zur Stadtgründung von – nein, nicht Wolfsburg. Die Arbeiterstadt samt Fabrik und einigen eingemeindeten Dörfern hört auf den beschaulichen Namen „Stadt des KdF-Wagens bei Fallersleben". Scheußlich, nicht wahr? Etwas mehr als eintausend Seelen lebten dort Ende des Jahres.

Kurzes Zwischenspiel: Schwenk in die Niederlande, Nahaufnahme zweier junger Männer. Ben und Wijnand Pon übernehmen Anfang der dreißiger Jahre das väterliche Unternehmen. 1898 beginnt der Laden mit Nähmaschinen, Haushaltsartikeln und Tabakwaren. In den Zwanzigern importieren die Pons erste Automobile, Lkws und Fahrzeug-Zubehör-Teile aus Europa und den USA. 1931 dann erfolgt die Gründung von „Pon's Automobielhandel".

Die beiden Brüder sind überzeugt vom KdF-Wagen, knüpfen Kontakt zu dessen Konstrukteur Ferdinand Porsche und treffen anlässlich der Automobilausstellung in Berlin 1939 aufeinander. Porsche vermittelt den Kontakt zu den deutschen Behörden, und die Pons erreichen schließlich, dass sie den Volkswagen in die Niederlande importieren dürfen. Doch dazu wird es nicht mehr kommen, der Krieg macht alle Planungen zunichte. Vorerst jedenfalls. Was zwei Niederländer mit dem Bulli zu tun haben? Wir werden darauf zurückkommen …

Wie es zum Bulli kam – Die Geschichte

Mit Kriegsbeginn verschieben sich die Prioritäten. Statt dem zivilen KdF-Wagen wird das Werk mit anderen Dingen ausgelastet: Der geländegängige Kübelwagen, der Kommandeurswagen und später auch der Schwimmwagen basieren auf dem Volkswagen. Rund 70.000 davon werden – neben anderen Rüstungsgütern – bis Kriegsende gebaut.

Beim Einmarsch der Amerikaner 1945 liegen Teile des Werks in Trümmern, die „Stadt des KdF-Wagens bei Fallersleben" hat noch etwa 15.000 Einwohner, von denen rund 9000 im Werk beschäftigt sind.

Die folgenden Jahre betrachten wir im Zeitraffer: Die Siegermächte teilen das ehemalige Deutsche Reich in vier Zonen auf, das Volkswagen-Werk steht unter britischer Oberhoheit. Ein 1302 urkundlich erwähntes Schloss wird am 25. Mai 1945 Namenspate für die Umbenennung der Werks-Stadt in „Wolfsburg".

Der britische Major Ivan Hirst sorgt als Mitglied der Kontrollkommission und faktischer Werksleiter dafür, dass Demontagepläne mehrfach aufgeschoben und schließlich aufgegeben werden. Er forciert die Wiederaufnahme der Arbeit mit Reparaturen an Armeefahrzeugen der Besatzungsmacht.

Die ersten Volkswagen nach dem Krieg werden für die Briten und die Post produziert. Im Folgejahr sind es bereits über 10.000 Stück: Behördenfahrzeuge für die alliierten Besatzungsmächte. Im September 1946 entscheiden sich Briten und Amerikaner, ihre Zonen wirtschaftlich zu vereinen zur sogenannten „Bizone" mit gemeinsamen Regeln – ab Dezember dürfen erste Exporte aus dieser Bizone ausgeführt werden; in die USA, nach Großbritannien und in die Niederlande. Darin erkennt ein alter Bekannter seine Chance und handelt.

Ben Pon besuchte mehrfach sowohl das Werk in Wolfsburg als auch die Zentralstelle für Wirtschaft der Bizone in Minden. Er wollte seinen alten Plan, den Volkswagen in die Niederlande zu importieren, wieder aufnehmen. Am 8. August 1947 schließlich war es so weit: Die Brüder Pon wurden zum Generalimporteur für VW in den Niederlanden.

Der Schwimmwagen entstand aus dem KdF-Wagen. Er war ein Amphibienfahrzeug, konnte sich allradgetrieben sowohl im Gelände als auch mit einer am Heck herabzulassenden Schraube auf dem Wasser bewegen. Er erreichte in ruhigen Gewässern Spitzengeschwindigkeiten von etwa 10 km/h. Die Karosserie basiert auf einer Metallwanne. 14.276 dieser Fahrzeuge wurden von 1942 bis 1944 gebaut. Gut zu erkennen rechts im Bild sind die Ruder – für den Notfall oder zur Schleichfahrt.

Major Ivan Hirst

Ivan Hirst war Ingenieur und kannte Deutschland von einem Studentenaustausch. Am Ende des Krieges war er Offizier der Royal Electrical and Mechanical Engineers (REME), der britischen Instandsetzungseinheit. Er ließ sich nach Wolfsburg abkommandieren und übernahm dort die Verwaltung des Volkswagenwerks. Er installierte eine „Reparaturwerkstatt" für die Fahrzeuge der Alliierten.

Da außerdem neue Fahrzeuge dringend benötigt wurden, erreichten Major Hirst und Colonel McEvoy (der vor dem Krieg in der Rennwagenentwicklung bei Mercedes-Benz in Stuttgart arbeitete und den KdF-Wagen kannte) gemeinsam, dass der ursprüngliche Plan der Demontage des VW-Werks mehrfach vorerst zurückgestellt und später aufgegeben wurde zugunsten einer wiederauflebenden Produktion von Neufahrzeugen. Hirst improvisierte meisterlich – eine hohe Kunst im kriegszerstörten Deutschland, in dem kaum irgendetwas zu bekommen war –, und im Oktober 1946 lief der 10.000ste Nachkriegs-Volkswagen vom Band. Am 7. November 1947 schließlich stimmte das „Board of Control" unter dem Vorsitz von Charles Radclyffe dem Vorschlag Hirsts zu und ernannte Heinrich Nordhoff zum Generaldirektor des Volkswagenwerks. Damit begann gleichfalls Hirsts Rückzug aus dem operativen Geschäft. Sein Verhältnis zu Nordhoff war – vornehm ausgedrückt – schwierig (in späteren Jahren versuchte Hirst mehrfach eine Anstellung im VW-Werk zu bekommen, was jedoch von Nordhoff wiederholt unterbunden wurde).

Hirst verabschiedete sich im August 1949. Im April 1955 verließ er Deutschland, um zuerst nach England zurückzukehren und später in Paris bei der Organisation für europäische wirtschaftliche Zusammenarbeit (OEEC) zu arbeiten. Er starb am 9. März 2000.
Auch wenn der Aufstieg des Volkswagenwerks mit der Person Nordhoffs verbunden wird, so verdankt es doch sein Überleben nach dem Krieg einem anderen: Ivan Hirst war nicht weniger als der Retter von Volkswagen.

Es war aber nicht nur der Volkswagen, der Käfer, auf den es Ben Pon abgesehen hatte. Anfang 1947 fiel Ben Pon bei einem seiner Besuche in Wolfsburg ein seltsames Gefährt auf. Arbeiter und Konstrukteure hatten für schwere Transporte auf dem Werksgelände eine Art motorisierte Schubkarre gebaut: Auf ein Käfer-Chassis wurde eine große Plattform gesetzt, auf der Hinterachse über dem Motor gab es Sitzbank, Lenkrad, einfache Armaturen. Dieses im Werk „Plattenwagen" genannte Gefährt hatte es Ben Pon angetan, gerne hätte er es zusätzlich zum Volkswagen importiert. Doch die niederländischen Behörden lehnten das Konzept einer

Der „Plattenwagen" wurde im VW-Werk genutzt, um innerbetriebliche Transporte durchzuführen.

Wie es zum Bulli kam – Die Geschichte

Ben Pon

Ben Pon gilt als der Vater des VW Transporters. Nach dem Zweiten Weltkrieg bemühte er sich erfolgreich darum, den Volkswagen in die Niederlande importieren zu dürfen. Aus seiner Feder stammt die einfache Zeichnung in seinem Notizbuch, die form- und funktionsgebend war für die Entwicklung des VW Transporters. Sie entstand am 23. April 1947 anlässlich eines Besuchs Pons in Minden, dem Sitz der Zentralstelle für Wirtschaft der britischen und amerikanischen Besatzungszone, und sollte lange aktuell bleiben. Erst 1990 wurde das von Pon gezeichnete Prinzip des Vorderlenkers mit dem Motor im Heck und der brotkastenartigen Karosserie von der neu eingeführten T4-Generation technisch überholt.

Ben Pon wuchs auf als Sohn eines Kaufmanns im niederländischen Amersfoort. Aus dem väterlichen Unternehmen machte er gemeinsam mit seinem Bruder 1931 Pon's Automobielhandel. Schon 1939 hätten die Pons gerne den Käfer (damals KdF-Wagen genannt) importiert, doch der Krieg verhinderte dies zuerst. Am 8. August 1947 wurden die Pons dann Generalimporteur für VW in den Niederlanden und bauten in der Folgezeit ihr Unternehmen weiter und weiter aus, importierten Porsche, Audi und vieles mehr.

2014 beschäftigen die Pons weltweit knapp 13.000 Mitarbeiter. Was aus einem kleinen Laden entstand, ist heute eines der größten familiengeführten Unternehmen in den Niederlanden und gehört dort zu den beliebtesten Arbeitgebern.

Es begann nicht alles mit Ben Pons kleiner Zeichnung. Aber sie war ein wesentlicher Schritt.

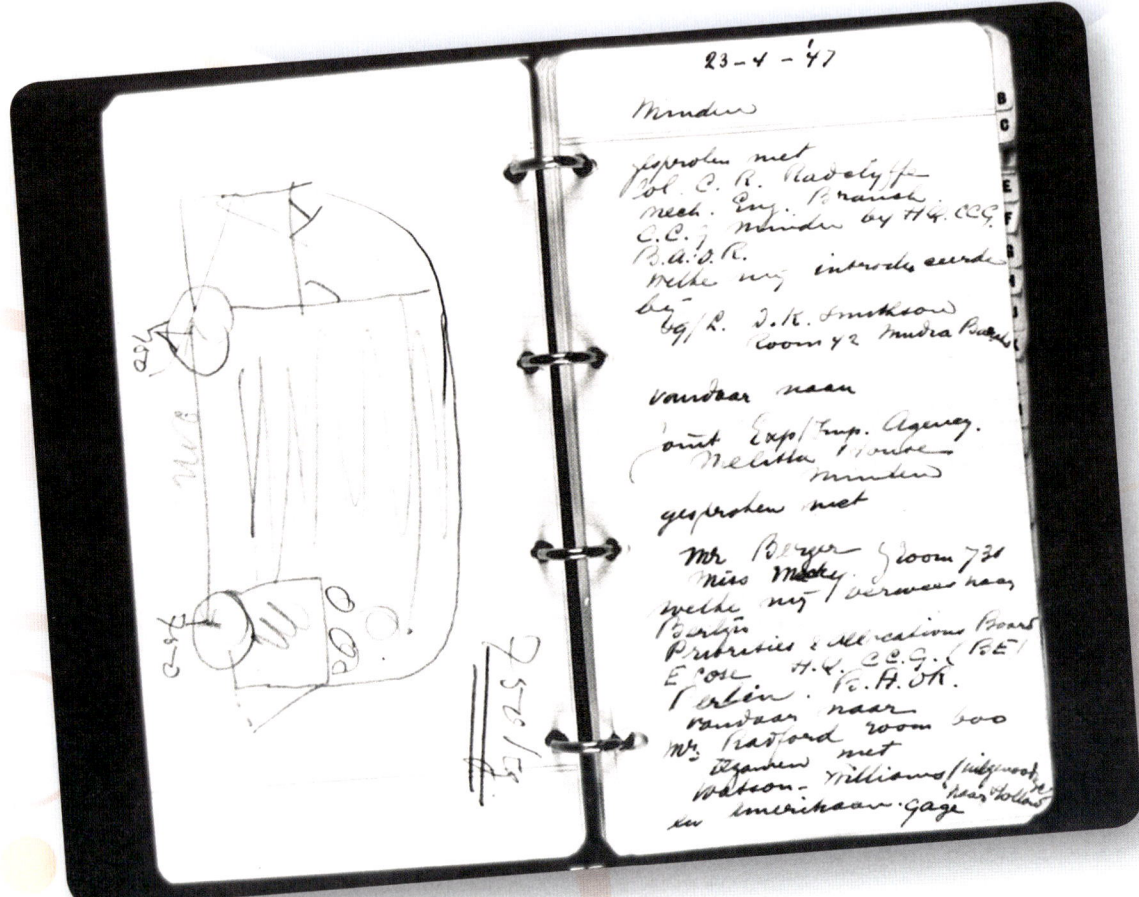

Fahrerkabine am Heck ab und verweigerten die Zulassung eines solchen Fahrzeugs. Ben Pon blieb jedoch hartnäckig. Am 23. April 1947 schlug er in Minden ein neues Fahrzeug vor und verdeutlichte seine Vorstellung mit einer Skizze in seinem Notizbuch. Sie zeigt ein in Frontlenker-Bauweise gefertigtes Fahrzeug mit Heckmotor, das ein wenig an einen Brotkasten erinnert. 750 kg sollte es leer wiegen, 750 kg sollte die Achslast auf Vorder- und Hinterachse betragen.

Was als Zeichnung in Ben Pons Notizbuch begann, bildete die Grundform eines Automobils, das bis 1990 so in Europa und sogar bis 2013 in Südamerika gebaut wurde.

Ben Pon galt damit lange Zeit unbestritten als Erfinder des VW Transporters. Diese Position wird ihm erst in jüngster Zeit streitig gemacht: Ein von der Presse so betiteltes „verlorenes Patent" aus dem Jahr 1939 sei aufgetaucht. Dieses zeigt eine Zeichnung, die tatsächlich als Vorläufer des Typ 2 gelten könnte. Inhaber des Patents soll kein Geringerer sein als Ferdinand Porsche. Bis zur Drucklegung dieses Buches können wir diese Behauptung allerdings weder zweifelsfrei bestätigen noch entkräften.

Aber selbst wenn wir annehmen, dass Ben Pons berühmte Skizze von Porsches Ideen inspiriert ist, hat jedenfalls Ben Pon die damalige Militärregierung von der Entwicklung und dem Bau des Transporters überzeugt. Nach wie vor

Es gab verschiedene Varianten des Plattenwagens, aber alle hatten eine Ladeplatte vorn und das Fahrerhaus bzw. den Fahrerstand hinten. Ben Pon versuchte, diese Wagen in die Niederlande zu importieren, bekam aber keine behördliche Zulassung. Was ihn zu seiner berühmten Skizze (auf der linken Seite) animierte.

Ferdinand Porsche oder Ben Pon?

Im Sommer 2014 veröffentlichte die Presse dieses angeblich „verlorene Patent" in Rot auf einen Bulli projiziert. Es könnte tatsächlich Ideengeber für Ben Pon gewesen sein. Sicher ist dies allerdings nicht.

Wie es zum Bulli kam – Die Geschichte

verdanken wir seiner Initiative den Bulli, er darf also weiterhin zu Recht als Vater des VW Transporters gelten.

Zwei weitere Protagonisten betreten die Bulli-Bühne im Jahr 1948: Heinrich Nordhoff wird auf Hirsts Empfehlung Generaldirektor des VW-Werks. In der automobilen Welt ist der Diplom-Ingenieur eine bekannte Größe. Nach Stationen bei BMW und General Motors leitet Nordhoff von 1942 bis 1944 das größte Lkw-Werk Europas, das Opel-Werk in Brandenburg.

Ebenfalls ein Auto-Mann ist Alfred Haesner. Er begann seine berufliche Karriere bei Magirus, war dann neun Jahre lang der Chefkonstrukteur in der Versuchsanstalt für Kraftfahrzeuge in Berlin-Charlottenburg; von 1934 bis 1945 konstruierte er Last- und Lieferwagen für die Phänomen-Werke der Hiller AG in Sachsen. Er soll das Volkswagen-Werk auf die Produktion ziviler Produkte umstellen und wird dessen Technischer Leiter.

Diese beiden Herren gehen dann im Herbst 1948 an die Umsetzung der Idee von Ben Pon und beginnen mit der Entwicklung des Transporters. Das Auto, das wir bisher „Bulli", „Typ 2" oder „Transporter" nennen, trägt aber noch keinen dieser Namen, sie werden erst später aufkommen.

Löschen wir also vorerst den Namensspeicher in unseren Köpfen und beginnen wir ganz von vorn: Es wird der „EA-7" erteilt, der Entwicklungsauftrag Nummer 7, an dessen Ende ein Prototyp für eine Fahrzeuggattung stehen soll, der intern die Bezeichnung „Typ 29" bekommt. Vom 11. November 1948 stammen dann die ältesten schriftlichen Spuren: Haesner fordert bei der Personalabteilung weitere „Spezialfachkräfte" an für die „Sonderkonstruktion (Typ 29)".

Und schon neun Tage später, am 20. November, liegen die ersten Konstruktionszeichnungen auf Nordhoffs Schreibtisch.

Auf diesen ersten Plänen basiert auch ein Holzmodell, das VW im Februar 1949 an die Technische Hochschule Braunschweig schickt. Das im Maßstab 1:10 gebaute Modell soll im Windkanal des Instituts für Strömungsmechanik getestet werden; man hat Erfahrung – im Jahr zuvor bekam hier auch der Käfer seinen aerodynamischen Feinschliff.

Die beiden von VW gefertigten Frontpartien fallen jedoch durch. Beide basieren auf einer im Produktionsablauf leicht zu fertigenden, eckigen Form und unterscheiden sich nur in Details. Doch Kanten und Ecken sorgen für Verwirbelungen und hohen Luftwiderstand: c_w-Werte von 0,75 und 0,77 sind entschieden zu viel. Damit gibt sich der Braunschweiger Spezialist vom Windkanal aber nicht zufrieden. Er entwickelt eine dritte Bugform. Das Ziel: Die Luftströmung soll um das Fahrzeug herumgeleitet wer-

Die VW-Werksanlagen mit dem alten Heizkraftwerk in Wolfsburg.

den und erst am Heck abreißen. Erreicht wird dies durch eine stark gewölbte Bugpartie. Der c_w-Wert erreicht 0,43; Auftrag ausgeführt!

Auch VW ist überzeugt und überarbeitet das Modell auf Basis der Braunschweiger Vorschläge. Es folgt den aerodynamischen Vorgaben und kommt in seiner Form dem späteren Serienfahrzeug schon sehr nahe.

Der erste Prototyp, den die Abteilung Versuchsbau baute, entstand parallel zu den Tests im Windkanal. Er hatte noch die ursprüngliche, eckige Form und wurde zum größten Teil in Handarbeit hergestellt.

Wie es zum Bulli kam – Die Geschichte

Heinrich Nordhoff

Heinrich Nordhoff wurde 1948 von der britischen Militärregierung als Generaldirektor des Volkswagen-Werks eingesetzt. Er war damals 49 Jahre alt. „Wenn die Engländer geahnt hätten, wie Nordhoff ihre eigenen Wagen von den Exportmärkten vertreiben würde, hätten sie ihm diesen Job nie gegeben." Das schrieb die amerikanische Wochenschrift „Time" 1953 und beschreibt damit den einen Kern von Nordhoffs Erfolgsstrategie: Export – doch herausragend geplant und umgesetzt. „Es geht kein Wagen vom Schiff, ehe nicht der Service in dem betreffenden Land steht. Nordhoff würde mich aufhängen, wenn ich es anders täte", sagte 1955 der damalige VW-Kundendienstleiter.

Der zweite Kern ist das Beharren auf einem Modell, das zwar ständig verbessert, aber nicht abgelöst wird. Für Volkswagen heißt Letzteres, dass man kostengünstig produzieren konnte. Der Kunde wiederum hatte jederzeit ein technisch und optisch aktuelles Fahrzeug. Grundsätze, die auch den Typ 2 zum Welterfolg machten. Zwar sagte man Nordhoff nach, dass er den Transporter nie besonders mochte, aber er erkannte die Notwendigkeit für ein solches Fahrzeug und peitschte seine Entwicklung geradezu durch.

Nordhoff wurde vielfach geehrt, er war Honorarprofessor, trug drei Ehrendoktortitel und das Große Verdienstkreuz mit Stern und Schulterband der Bundesrepublik Deutschland und wurde zum Ritter des Heiligen Grabes zu Jerusalem geschlagen.

Der Spiegel bezeichnete ihn 1955 als „Souverän im Reiche Wolfsburg" und 1961 als „Imperator des VW-Werkes", was einerseits in der Person Nordhoffs begründet liegt, seinem enormen Selbstbewusstsein und seiner an Selbstherrlichkeit grenzenden Eigendarstellung, andererseits aber auch an seiner ungeheuren Machtfülle zu Beginn seiner Karriere als Generaldirektor: Da das Werk keinen Eigentümer hatte, war Nordhoff im Grunde niemandem Rechenschaft schuldig.

Doch er kümmerte sich vorbildlich um seine „Untertanen". Nicht nur waren die Löhne bei VW deutlich höher als die der Konkurrenz, Nordhoff sicherte seine Arbeiter und sogar deren Hinterbliebene mit Renten und Lebensversicherungen ab und beteiligte sie paritätisch am jährlichen Gewinn.

Heinrich Nordhoff starb 1968. Sein Sarg wurde erst im VW-Werk aufgebahrt, dann durch ganz Wolfsburg zum Friedhof gefahren. Auf einem Bulli, natürlich.

Ein „V2 Sagitta" von 1947 im Windkanal. Die sportliche Version eines Käfers brachte es auf einen beachtlichen c_w-Wert von 0,217, der Standard-Käfer hatte mit einem c_w-Wert von 0,46 deutlich mehr Luftwiderstand. Leider wurde der Sagitta nur einmal gebaut. Dank der aerodynamischen Form beschleunigten ihn seine 24,5 PS auf Tempo 140.

Während heute Computerprogramme, Simulatoren, Hitze- und Kältekammern eine Neuentwicklung malträtieren und Zehntausende Kilometer Laufleistung abspulen, ging es für den ersten Typ 29 direkt auf die Straße. Es wurde nicht simuliert – es wurde gefahren. Und schon damals wusste man um die Qualitäten eines „Erlkönigs": Zu Tarnzwecken zierte den Prototyp die Aufschrift „Felix Neuhaus Gemüsegroßhandel". Aber der Wagen hält nicht.

Am 5. April 1949 bricht die Versuchsabteilung die Erprobung des ersten Prototyps nach nicht einmal einem Monat ab. Das Problem liegt am Fahrgestell. Man hatte selbiges aus Kostengründen unverändert vom Käfer übernommen (wie übrigens auch den Motor und einige andere Bauteile), doch der Zentral-Rohr-Rahmen hielt den Belastungen nicht stand. Ein Nutzfahrzeug will eben ein wenig stabiler sein als der übliche Pkw.

Man entschied sich bei VW, vom Käfer-Fahrgestell wegzugehen und einen eigenständigen, selbsttragenden Aufbau zu konstruieren.

Doch die Zeit drängte, denn Nordhoff wollte den Typ 29 noch im selben Jahr auf den Markt bringen. Was hier in wenigen Worten beschrieben steht, war eine gewaltige Aufgabe. In etwas mehr als einem halben Jahr sollte der Schritt gemacht werden vom ersten Prototyp zur Serienproduktion. Die Ansprüche des Generaldirektors an die Entwickler waren sehr, sehr hoch.

Während man am zweiten Prototyp arbeitete – er bekommt nun die runde Braunschweiger Form – müssen die Versuchsreihen dennoch weitergehen.

Wie es zum Bulli kam – Die Geschichte

Es wurde getestet, nicht simuliert. Kein Labor ersetzte dem Käfer die Straße – beim Bulli war es nicht anders.

Einer der ersten Prototypen des EA-7. Sie wurden in der Abteilung Versuchsbau zum großen Teil in Handarbeit hergestellt. Man sieht deutlich, dass die Fahrertür nicht richtig schließt. Die Belüftungsschlitze sind noch senkrecht angeordnet. Bei Beginn der Serienproduktion verlaufen sie waagerecht, nach unten hin geöffnet.
Man beachte die winzig kleinen runden Rückleuchten, die auch in der ersten Serie von 1950 noch so waren. Für den klotzigen Benzineinfüllstutzen fand man aber eine elegantere Lösung.

Der Bulli war ein Arbeitstier. Zahlreiche Aufbauer hatten eine Lösung für nahezu jede Aufgabe, die sich dem Typ 2 stellen sollten. So wurde er auch als Abschleppwagen genutzt. Er hatte genügend Kraft für fast jeden Job und ließ sich vom Werk aus bereits gut modifizieren. Im Bild oben eines der ersten VW-Service- und -Abschleppfahrzeuge als Doppelkabiner.

Der erste Prototyp wird kurzerhand umgebaut: In selbsttragender Bauweise geht es nun auf möglichst schlechte Straßen. Während die Beanspruchungen für die Bodengruppe (Teil der selbsttragenden Karosserie) zu hoch sind – sie reißt mehrfach ein –, ist man mit den Fahreigenschaften zufrieden. Federung und Straßenlage, Beschleunigung wie Endgeschwindigkeit sind mehr als akzeptabel. Lediglich Bremsen und Lenkung haben noch Verbesserungsbedarf.

Mitte August legt Nordhoff den 15. Oktober fest als Tag der Präsentation des neuen VWs: Der Typ 29 soll gleich in mehreren Varianten der Presse und den Händlern vorgestellt werden: Als Kleinbus und als Kastenwagen sowie in mehreren Varianten, die Spielräume offen halten für Sondereinbauten, beispielsweise für einen Krankenwagen.

Doch Nordhoff mischt auch bei den Details mit: Der Motorraum ist ihm zu groß, manches Scharnier ist zu klein. Das Fahrzeug soll insgesamt robuster werden, ein echtes Arbeitstier eben, das auch grobe und rücksichtslose Behandlung ohne Schäden übersteht.

Der zweite, in runder Form gebaute Prototyp ist dann auch erfolgreicher. Der Boden hält, und durch die verbesserte Aerodynamik steigert VW Beschleunigung sowie Endgeschwindigkeit und mindert den Verbrauch des Typ 29.

Doch die Zeit ist zu knapp, die angeforderten Vorführwagen werden nicht fertig. Dafür bekommt die Presse Wind von der Neuentwicklung, was VW dazu bewegt, auf einer Pressekonferenz am 14. Oktober offiziell zu bestätigen, dass man bald einen Transporter vorstellen werde.

Wie es zum Bulli kam – Die Geschichte

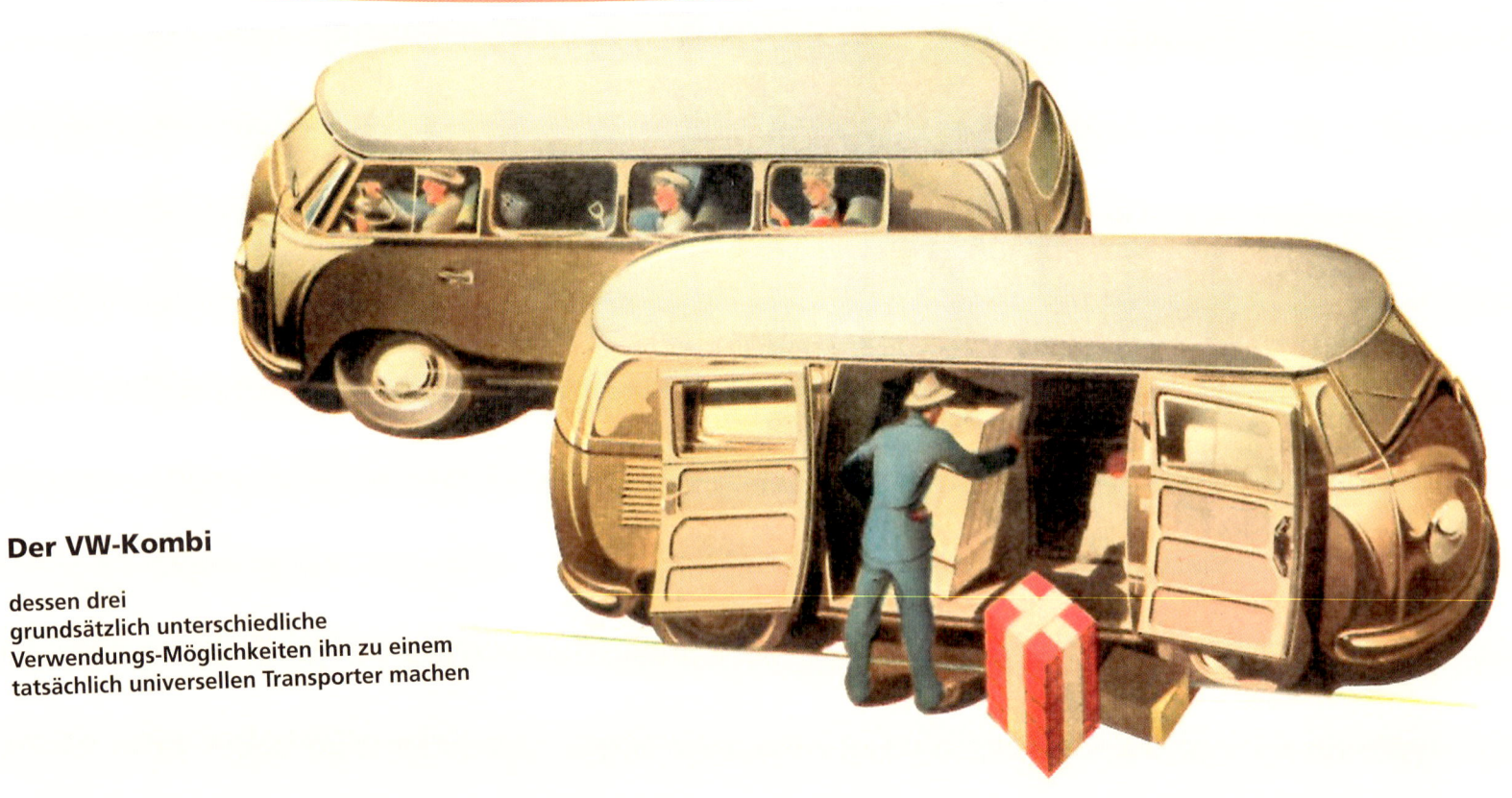

Der VW-Kombi

dessen drei
grundsätzlich unterschiedliche
Verwendungs-Möglichkeiten ihn zu einem
tatsächlich universellen Transporter machen

Viele Branchen setzen den VW-Kombi in folgenden Variationen nutzbringend ein: 1 – als Lieferwagen mit großem, hellem Laderaum und allen Vorzügen des VW-Kastenwagens. 2 – als Achtsitzer, denn im Handumdrehen sind die zwei bequemen Polsterbänke eingesetzt. Der von außen zugängliche, vergrößerte Heckraum bleibt großem Gepäck vorbehalten. 3 – als »kombinierter« Kombi – zur gleichzeitigen Beförderung von Personen und Gütern im Innenraum. Die Ausstattung ist bewußt schlicht und ganz dem wandelbaren Zweck angepaßt, denn der Laderaum soll schnell und leicht gereinigt werden können.

Der VW-Kombi auf Montagefahrt:
6 Personen finden bequem Platz,
dennoch bleibt der größte Teil des Innenraums
frei für Ware, Material oder Gerät.

Leicht sind
die Flügelschrauben
gelöst und die Sitze
entfernt.

Eine Seite aus einem der ersten Werbeprospekte mit Beschreibungen des VW-Kombi zu den verschiedenen Einsatzmöglichkeiten

Die schreibende Zunft ist erfreut und berichtet daraufhin von einem geschlossenen ¾-t-Lkw, der maßgeblich auf den Teilen des Volkswagens basiert.

Abgesehen von den Fahrzeugen fehlt es aber auch an einem kleinen, aber wichtigen Detail. Denn der Typ 29 hat noch keinen Namen. Zwar hat VW beim Patentamt bereits einige Namen angefragt, aber keiner davon war als Warenzeichen uneingeschränkt verfügbar. Angefragt wurden Bully, Duro, Felix, Fix, Swift, Mulix, Triumphator, Pilot und Bullybus – alle ohne Erfolg.

Immerhin erhält er wenigstens eine offizielle Bezeichnung. Der Käfer, der das erste Modell von VW war, ist der Typ 1. Es macht Sinn, für das zweite im Volkswagenwerk produzierte Modell nun mit Typ 2 fortzufahren. Und am 12. November 1949 wird er dann endlich präsentiert, schlicht als „VW Lieferwagen".

Aber kein Besitzer eines Samba, einer Doppelkabine, eines Busses, eines Campers oder sonst irgend eines verrückten Umbaus wird sich daran stören, dass Sie sein Fahrzeug Bulli nennen. Im Gegenteil – jeder ist stolz auf seinen Bulli.

Der „Typ 2" durfte zwar nie so heißen, aber irgendwie tut er es halt doch, und alle Welt spricht heute von den T1, T2, T3, T4 und T5 zur Unterscheidung der Baureihen.

Bulli-Familientreffen. Hinten, stehend, von links: T1, T2, T3, T4. Rechts spielt sich der Jüngste in den Vordergrund: der T5.

Wie es zum Bulli kam – Die Geschichte

Ein typischer Bulli der Woodstock-Generation. Die individuelle Bemalung ist eine Demonstration für Frieden und Freiheit. Sie dokumentiert auch eine unkonventionelle und freie Lebensart. Solche Bullis gab es in den USA und Europa besonders häufig. Im Bild ein schönes Exemplar aus Kalifornien.

Vom Arbeitspferd zum Kultobjekt

Dass der VW Bus sich in den 1950er- bis in die 1960er-Jahre vom reinen Nutzfahrzeug auch zum beliebten Kultobjekt entwickelte, hat einerseits mit der Zweckmäßigkeit eines vorher nie dagewesenen Fahrzeugs zu tun, das es ab 1951 auch als Kombi mit der sogenannten „Camping-Box" von Westfalia gab. Andererseits wurde mit der wachsenden Wirtschaftsleistung und steigendem Einkommen auch die Reiselust der Menschen geweckt. Man entdeckte die Freiheit, in andere Länder zu reisen, was bis dahin den meisten Menschen verwehrt war. Diesen Trend erkannte man im Hause VW schon sehr bald, und so wurden ebenfalls 1951 auf der ersten Internationalen Automobilaustellung nach dem Zweiten Weltkrieg die ersten Kleinbusse für den Personenverkehr präsentiert.

Mit der Hippie-Bewegung in den 1960er-Jahren kam dann der Bulli-Boom erst richtig in Fahrt. In vielen Ländern der Welt demonstrierten junge Menschen für Frieden und Freiheit, gegen konservative Lebensweisen, Obrigkeitsgehorsam und für die Meinungsfreiheit. Dies drückte sich auch in ihrer Musik und in ihren freien Lebensformen aus.

Der VW Bus kam hierbei gerade recht. Er war als Gebrauchtfahrzeug auch für junge Menschen erschwinglich und konnte als mobile Wohneinheit vielfältige Bedürfnisse erfüllen. Dass man diese Fahrzeuge auch nach Belieben äußerlich gestalten und seine Meinung und Lebensart damit kundtun konnte, war ein weiterer Grund dafür, sich ein solches Fahrzeug anzuschaffen.

Doch nicht nur die Jugend war von den Bullis begeistert. Auch Familien, Kaufleute und Handwerker entdeckten die Fahrzeuge für sich. Waren sie doch im Vergleich zu anderen Autos dieser Zeit sehr geräumig und komfortabel – also ideale Reise- und Transportfahrzeuge sowohl für den geschäftlichen als auch für den privaten Bereich.

Von 1951 bis heute entwickelte VW eine Produktvielfalt, die jedermanns Bedürfnisse befriedigte. Handwerker, Einzelhändler und alle Privatnutzer konnten das speziell auf sie zugeschnittene Fahrzeug bekommen.

Dass die Bullis wahre Kultobjekte sind, beweisen auch die vielen Exemplare, die zu Kunstwerken umgestaltet wurden. Man präsentiert sie nicht ohne Stolz und mit einem Augenzwinkern.

Auch Polizei, Feuerwehr und Rotes Kreuz bekamen genau die Ausstattung, die sie benötigten. Diese vielfältige Produktpalette und die Orientierung an den Wünschen und Bedürfnissen der Kunden sorgten für eine einzigartige Erfolgsgeschichte, die Sie auf den nachfolgenden Seiten im Detail nachlesen, anschauen und bewundern können.

Der Bulli T1 – 1950 bis 1967
Der Siegeszug in eine neue Zeit

Der Bulli T1 – 1950 bis 1967

Tagesproduktion am 8. März 1950: genau zwei Transporter. Leicht überschaubar. Doch damit beginnt der Siegeszug des T 1. Rund 1,83 Millionen Bullis werden es bereits bei Fertigungsschluss im Sommer 1967 sein. Eine damals kaum vorstellbare Zahl. Zunächst werden ausschließlich Kastenwagen produziert, zu erschwinglichen Preisen: 5850 Mark kostet ein Bulli, gerade mal 1050 Mark mehr als ein Käfer.

Die beiden Seiten des Kastenwagens sind hervorragende Werbeflächen und für viele Kleinunternehmer ein Grund diesen Bus zu kaufen.

Erst in der Werkstatt des örtlichen Händlers bekam der Bulli seine „Sonderausstattung" wie beispielsweise eine Innenverkleidung.

Aufpreislisten und Sonderausstattung sucht man zu Beginn vergebens. Der T1 wird nur in einer Variante verkauft, und die ist – für moderne Maßstäbe – primitiv: Der Bulli ist nackt, rollt ohne Innenverkleidung vom Werksgelände, und er ist blau. Wer es doch ein wenig exklusiver wünscht, lässt seinen Bulli dann beim VW-Händler verschönern: Innenverkleidung, Rückfenster, Isolierung oder Dachgalerie sind ebenso Aufgaben der Werkstatt vor Ort wie eine Umlackierung mit einer anderen Farbe.

Doch Exklusivität oder gar Luxus wird vom T1 der Anfangstage auch nicht erwartet. Er ist ein Arbeitstier, ein Lieferwagen für neu gegründete Existenzen. Die 25 PS Leistung der ersten Bulli-Generation werden zum Motor für den Wiederaufbau des nach dem Krieg zerstörten Deutschland.

Im Juni legt VW nach, die Fertigung von Kombis und Bussen läuft an. Für Letztere können sogar die ersten Extras geordert werden: Heckklappe und ein Rollverdeck stehen zur Verfügung, die Innenverkleidung wird Serie für den Bus.

Auch die Produktion steigt stetig, sodass am Ende des Jahres 1950 schon über 8000 Typ 2 gefertigt sind. Mehr als 2/3 davon übrigens Kastenwagen. Das treibt den T1 an die Spitze der Zulassungsstatistik: Mit einem Marktanteil von 21,7 Prozent liegt er gleichauf mit dem von einem Zweitakter angetriebenen DKW F 89 L. Ende des Jahres liegen so viele Bestellungen vor, dass fast die gesamte Produktion des Folgejahres bereits verkauft ist.

Der Bulli T1 – 1950 bis 1967

Inklusive dem durchschnittlichen Fahrer wiegt der T1 leer 990 Kilogramm. Er kann mit 760 kg Nutzlast beladen werden, die in insgesamt 4,6 Kubikmeter Laderaum Platz findet. Der Bulli ist 4,10 m lang, 1,70 m breit und 1,90 m hoch. Zum Vergleich: Der 2012 eingeführte Golf VII ist länger (4,26 m) und breiter (2,03 m inkl. Spiegel), allerdings nicht höher (1,45 m).

Angetrieben wird der Bulli von einem alten Bekannten: Der Boxermotor mit 1131 Kubikzentimetern leistet 25 PS bei 3300 U/min und stammt aus dem Käfer. Vier Vorwärtsgänge beschleunigen den Bulli auf mehr als die vom Werk angegebene Höchstgeschwindigkeit von 80 km/h und vier Trommelbremsen bringen ihn wieder zum Stehen.

Aus heutiger Sicht ein wenig seltsam muten einige Details an: Der Schalter für das Fernlicht ist im Fußraum angebracht, Richtungsänderungen werden nicht von einem Blinker angezeigt, sondern von einem über Kippschalter betätigten mechanischen Winker, und wer seinen insgesamt 40 l fassenden Tank (fast) leer gefahren hat, durfte einmal um das Auto herumlaufen, den Motorraum hinten öffnen, in dem auch der Tank untergebracht war, und den Benzinhahn von

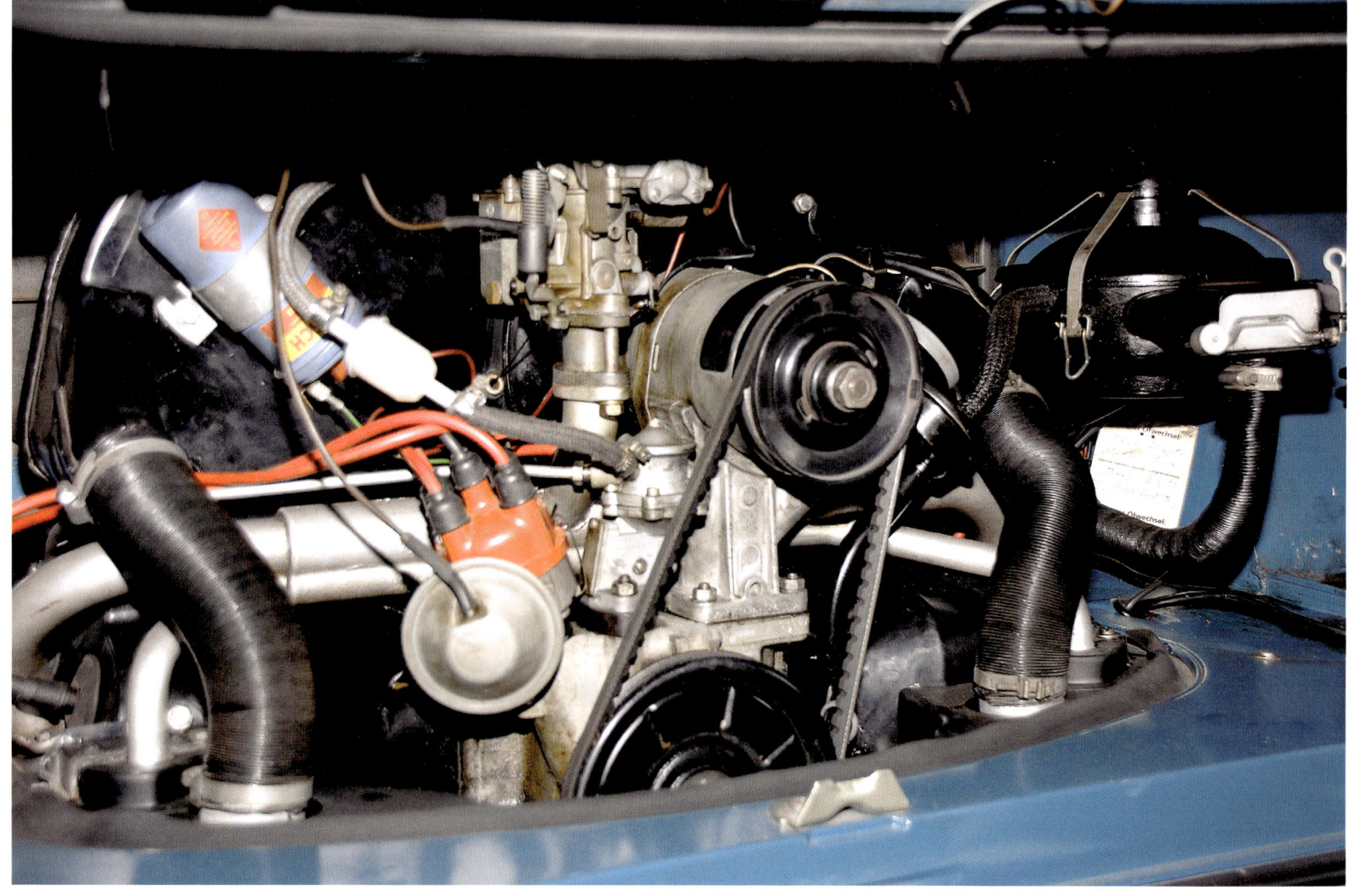

Ein perfekt gewarteter Motor im Heck eines T1. 25 PS leistete der aus dem Käfer entlehnte Boxermotor in der Anfangszeit von 1950-54.

„Auf" auf „Reserve" stellen. Die letzten fünf Liter Treibstoff brachten den Bulli dann sicher zur nächsten Zapfsäule. Geschuldet ist dies auch den einfachen Armaturen: Eine Tankanzeige sucht man vergeblich – sie kommt erst 1961. Dafür gibt es immerhin einen Tacho, einen Kilometerzähler, Drehschalter für Scheibenwischer, Innenbeleuchtung und Scheinwerfer, ein Zündschloss und einen Druckknopf für den Anlasser. Die Abwärme des Motors wird zum Heizen genutzt: Über einen Zugregler unter der Sitzbank reguliert wird die Warmluft an die Scheibe und in den Fußraum abgegeben.

Blick auf den Dachhimmel eines verkleideten T1. Gut erkennbar sind die Lüftungsschlitze zur Frischluftzufuhr in der Dachkonsole.

Der Winker-Blinker, offiziell als elektromagnetisch ausklappbarer Fahrtrichtungsanzeiger bezeichnet, war an beiden Seiten im Holm zwischen der Fahrer- bzw. Beifahrertür und Rückraum eingebaut. Im Bild rechts, in eingeklapptem Zustand, ist die Position im Holm gut erkennbar. Er wurde im Bulli erst 1960 ausgetauscht. Danach ist der orangefarbene Leuchtblinker Standard.

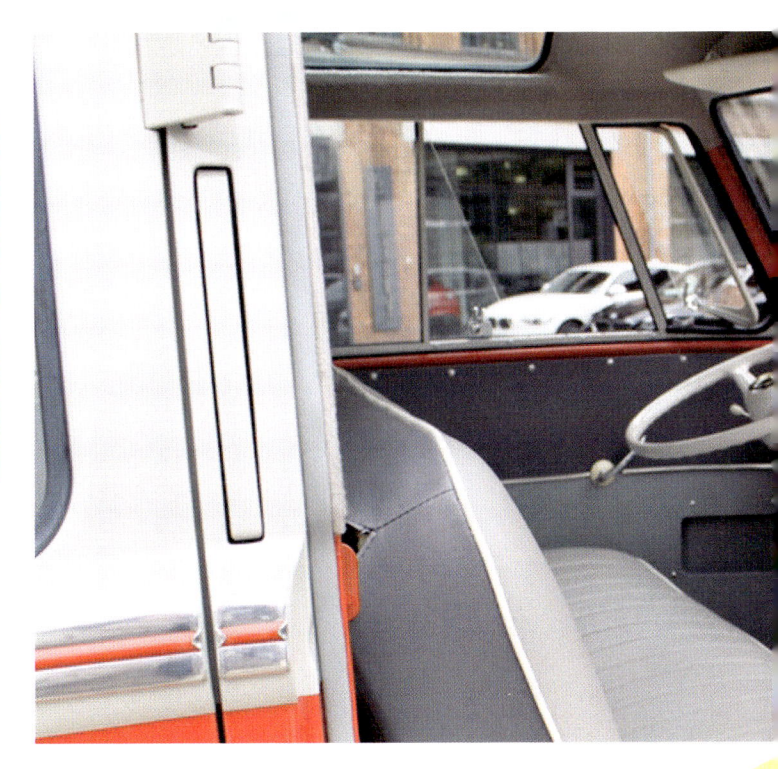

Der Bulli T1 – 1950 bis 1967

Pünktlich zur ersten Internationalen Automobilausstellung nach dem Krieg – nunmehr in Frankfurt, nicht mehr in Berlin – präsentiert VW 1951 das erste Sondermodell: einen Bus mit Rundumverglasung, luxuriös ausgestattet. Er blitzt und blinkt wegen seiner vielen Chromverzierungen und der zweifarbigen Lackierung, hat ein Faltschiebedach und 23 Fenster; einige davon sind klein und getönt und bieten Sicht nach oben. Bulliwohl fühlt sich der Fahrgast im Innenraum; die Wände sind verkleidet, es gibt einen Dachhimmel. Das macht den „Samba", wie das Sondermodell bald genannt wird, nicht nur schöner, sondern dämmt auch die Geräuschkulisse.

Armlehnen runden das Wohlfühlerlebnis ab. Heute ist der Samba das beliebteste Modell bei Sammlern und Enthusiasten in aller Welt.

Abbildungen links und unten: Ein traumhafter T1 Samba 23-Fenster-Bus von 1961 in Siegelrot und Beigegrau. Das gute Stück wurde 2014 von Kalifornien nach Frankreich verbracht, in einer deutsch-französischen Spezialwerkstatt komplett auseinandergenommen und restauriert. Selbst die Sitze für die 9 Personen wurden in einer Spezialsattlerei originalgetreu neu aufgebaut und neu überzogen. Natürlich ist der Wagen vorschriftsmäßig auch mit Sicherheitsgurten ausgestattet worden.

Ebenfalls 1951 erfindet Westfalia die „Camping-Box". Einige leicht ein- und auszubauenden Teile machen aus dem Transporter oder Bus ganz leicht ein Urlaubsmobil. Schrank und Klappbett gehören genauso zum Set wie Tisch, Waschbecken und Kochgelegenheit. Ambitioniert beschreibt Westfalia den VW auch als „Landhaus auf Rädern".

Die erste Preiserhöhung kommt im Folgejahr: Der Kastenwagen schlägt mit 6400 Mark zu Buche, das Sondermodell kostet gar 9250 Mark. Der Pritschenwagen wird im September eingeführt und erweitert die Modellpalette.

1953 wird das Getriebe synchronisiert und am Samba eine Heckstoßstange montiert. Die anderen Modelle werden erst im Jahr darauf von dieser Neuerung profitieren.

Fast zu viel Erfolg hat der Bulli mittlerweile, auch geschuldet der Export-Orientierung von VW-Chef Nordhoff.

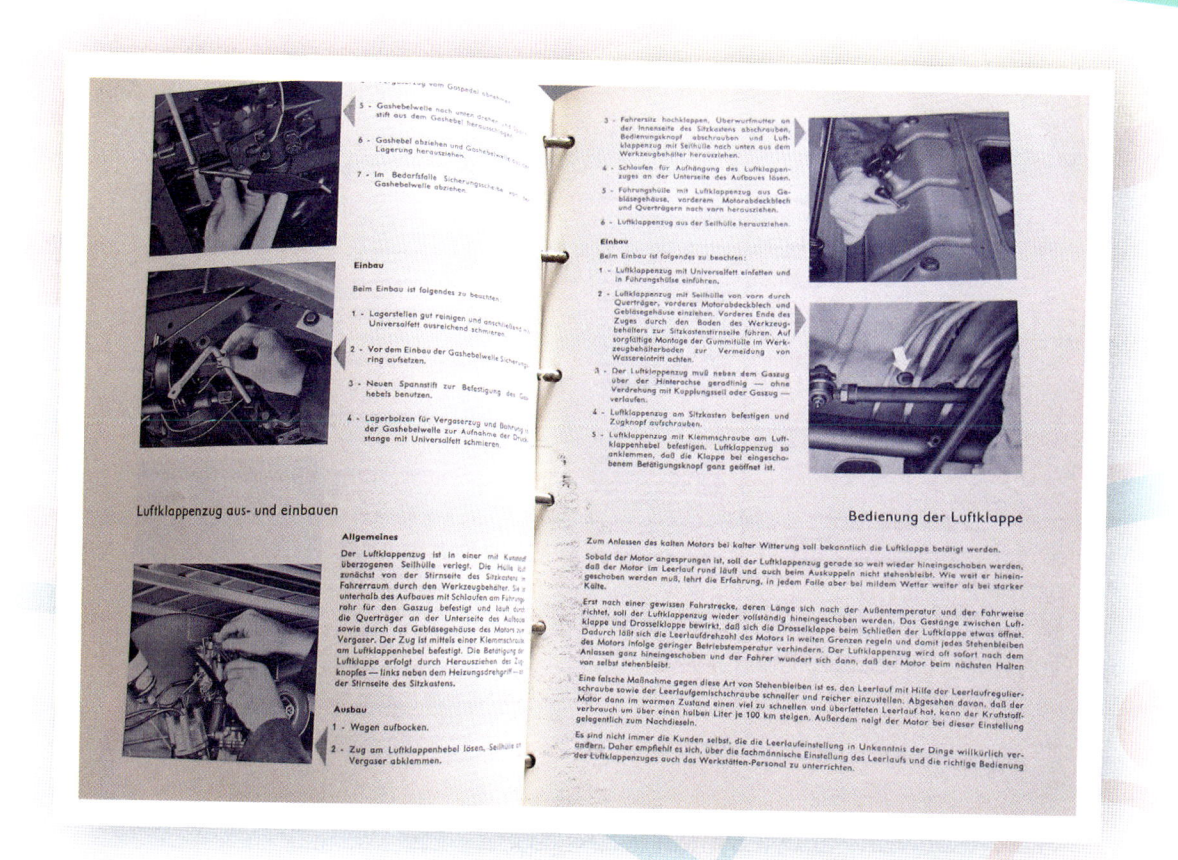

Das Werkstatthandbuch leistet damals wie heute den Werkstätten wichtige Dienste bei Reparaturen.

T1-Kombi mit eingebauter Westfalia „Camping-Box". Gut zu erkennen ist das in die Seitentür eingehängte Regal.

Der Bulli T1 – 1950 bis 1967

Ansicht auf die Hinterteile zweier Bullis. Schön zu erkennen die verschieden großen Heckklappen zweier Baureihen. Modellpflege wurde bei VW groß geschrieben.

Das Werk ist mehr als ausgelastet, die Belegschaft zählt keine Überstunden, sondern zusätzliche „halbe Tage" – 46 werden es 1954 durchschnittlich sein. Damit schafft man bis zu 170 Transporter am Tag, doch 300 dürften es für den Vertrieb gerne sein. Außerdem wird es allmählich eng in Wolfsburg – die Stadt platzt fast aus ihren Nähten. Die Lösung liegt auf der Hand: Ein neues Werk muss her, vor allem für den Transporter. Man entscheidet sich schließlich für den Standort Hannover. Die wichtigste technische Neuerung dieses Jahres ist die Steigerung der Motorleistung um 20 Prozent. Gewaltige 30 PS treiben den Bulli nun noch kraftvoller voran.

In den nächsten Jahren folgen zahlreiche Änderungen: von der neuen Frischluftzufuhr zur Verbesserung des Raumklimas über einen verstärkten Anlasser hin zur Integration der ursprünglich mittig angebrachten Bremsleuchte in die Rückleuchten. Der Motorraum wird verkleinert, das Laderaumvolumen nimmt zu. Es sind viele Details, die geändert werden, zu zahlreich, um sie hier alle zu beschreiben. Von außen ist nicht viel zu erkennen, aber man verbessert kontinuierlich die inneren Werte: VW betreibt erfolgreiche Modellpflege.

Die Verlegung des Transporterbaus nach Hannover findet 1956 statt, zwei Jahre später wird die „DoKa" eingeführt, die Doppelkabine mit kurzer Pritsche. 1960 baut Westfalia den VW Camper und es gibt eine weitere Kraftspritze für den Motor: 34 PS peitschen den Bulli auf 100 km/h. So viel Kraft sorgte dann auch für den einen oder anderen Eintrag in der seit 1958 bestehenden Verkehrssünderkartei in Flensburg. Ab 1963 kann

Der VW-Achtsitzer »Sonder-Modell«

Er fällt nach wie vor immer wieder erfreulich auf, wenn er, mit frohen Menschen besetzt, flink über die Straßen rollt, wunderschön anzusehen in seinen meisterhaft ausgewogenen Farbkontrasten und dem linienbetonenden Chromglanz der Zierleisten.

Glas rundum! Sogar das Dachbord ist mit Strahlungsabsorbierenden Scheiben ausgestattet. Wie es die Fahrgäste wollen: Frische Luft ohne Zug durch Schwenk-, Schiebe- und Ausstellfenster, vor allem aber durch die neue, in 5 Stufen regulierbare Dachbord-Belüftung. Dazu das Sonnendach (auch serienmäßig); mit einem Griff geöffnet, läßt es die sommerliche Reise erst zum wirklichen Erlebnis werden. Geschlossen aber bewahrt es isolierend die wohltuende Wärme der Heizung im Wagen. Die geschmeidige, weiche Federung, die geschmackvoll paspelierten, sehr schmiegsamen Polstersitze, die farblich gut abgestimmte, obendrein gerauschdampfende Wand- und Dachauskleidung, die helle Innenbeleuchtung, der Abstelltisch vor der vorderen Sitzreihe, die Kleiderhaken – kurz alle Einzelheiten der serienmäßig reichen Ausstattung lassen es verständlich erscheinen, warum gerade dieser Wagen eigentlich keine »tote Saison« kennt.

Die Ausstattung des Fahrerplatzes und der Armaturentafel paßt sich der wertvollen Gesamtgestaltung des Achtsitzers »Sonder-Modell« würdig an.

Solche »Kleinigkeiten« wie Hallestangen und Aschenbecher - von jedem Platz bequem erreichbar - lassen erkennen, wie liebevoll dieses »Sonder-Modell« in den Details wie im Ganzen erdacht ist.

man sich für 42 PS, ab 1965 sogar für 44 PS entscheiden.

1961 kommt der Großraum-Kastenwagen mit Stahlblech-Hochdach auf den Markt und die Preise für den Transporter ziehen an: Stattliche 20 Mark mehr kostet nun jedes Modell. Der Fahrer sitzt im Jahr darauf auf einem Einzelsitz statt auf einer Bank, wiederum ein Jahr später bekommen Kastenwagen und Kombi eine größere Heckklappe. Dafür fallen die beiden Fenster im D-Holm des Samba weg.

Eine weitere Neuerung aus 1963 hat sich bis heute erhalten: Die Schiebetür wird eingeführt. Und: Das erste seitlich öffnende Aufstelldach kommt auf den Markt und sorgt damit für mehr Platz im Urlaubsmobil.

1966 schließlich gibt es einen Schub für die Sicherheit: Gurte können – auch im Fahrgastraum – eingebaut werden. Das Bordnetz wird noch umgestellt auf zwölf Volt, bevor im Sommer 1967 die Produktion des T1 endet.

Ein bisschen stromlinienförmiger als in der Realität darf man in der Reklame immer aussehen. Schon damals wussten die Werber, wie man alles ein wenig glatter und gefälliger inszeniert.

T1 Kastenwagen

Der Kastenwagen ist die Ur-Form der VW Transporter. Er war als Arbeitstier konzipiert, als Lieferwagen für jedweden Gebrauch. Seine großen Doppeltüren an der Seite machten das Be- und Entladen leicht, und auf der durchgehenden Sitzbank im Fahrerhaus fanden bis zu drei Personen Platz. Im Jahr 1950, dem ersten Produktionsjahr, waren rund 70 Prozent der gefertigten Bullis Kastenwagen.

Der Kastenwagen musste vor allem eines: zuverlässig sein auf jeder noch so maroden Straße. Und davon gab es einige nach dem Krieg. Bei jeder Witterung musste geliefert werden können.

Dabei kam dem Bulli seine Hinterachse zugute, die aus dem Kübelwagen entlehnt wurde, einem geländegängigen Fahrzeug aus den Kriegsjahren. Da außerdem der Motor mit seinem Gewicht direkt über den Antriebsrädern lag, hatte der Bulli mit seiner Hecklastigkeit eine sehr gute Traktion. Er kam bei Wind und Wetter durch, zu fast jedem Ort. Und er brachte alles: frisches Obst und Gemüse für den Markt, den ersten Kühlschrank für die Hausfrau, Baumaterialien zum Wiederaufbau, Schweine für den Schlachter, Ersatzteile für das alte Motorrad und so vieles mehr.

Ein T1 Kastenwagen von 1959 mit Isolierung und Kühlanlage, ausgebaut als Lieferwagen für Tiefkühlkost. Kühlfahrzeuge liefern nicht nur Lebensmittel, sondern auch Chemikalien oder lebenswichtige Medikamente. In einer Zeit, in der normale Fahrzeuge noch keine Klimaanlage hatten, waren sie die einzige Möglichkeit, in der Sommerhitze wärmeempfindliche Waren über größere Strecken zu transportieren. Im Bild liefert die Firma Richter aus Bad Lauterberg im Odertal/Harz gerade eine Ladung Tiefkühlkost und Speiseeis aus.

Der T1 Kastenwagen war der zuverlässige Transporter für Kleinunternehmer und Einzelhändler. Viele von ihnen sind noch heute im Einsatz.

T1 Kastenwagen

Die Seitenwand des VW Lieferwagens eignete sich hervorragend für Werbezwecke wie den Schriftzug des eigenen Unternehmens. Auch Werbeaufbauten auf dem Dachgepäckträger waren sehr beliebt. Und wenn der Inhaber auf sein Unternehmen oder seinen Lieferwagen besonders stolz war, so verzierte er den Bulli besonders kunst- und liebevoll.

Schön zu erkennen die erste Generation Blinker. Sie waren noch klein und ersetzten ab 1960 die altertümlichen mechanischen Winker. Für den Export wurden sie aber zum Teil auch schon früher montiert.

T1 Pritschenwagen

Der Pritschenwagen kam im September 1952 auf den Markt und kostete 6100 Mark, womit er der billigste der VW Transporter war. Das Heckmotor-Konzept schien auf den ersten Blick nicht zu einem solchen Aufbau zu passen, doch die VW-Ingenieure ließen sich einiges einfallen: Das Reserverad wurde aus dem Motorraum entfernt, wodurch dieser flacher wurde. Ebenso wurde der Tank verlegt, er befand sich nun über der Hinterachse.

Pritschenwagen mit Plane der allerersten Generation mit Winker.

Zwar beließ man das zulässige Gesamtgewicht, aber die Achslast des Pritschenwagens wurde erhöht, um der zu erwartenden erhöhten Beanspruchung gerecht zu werden. Zwei Varianten der Pritsche wurden angeboten: Die Standardausführung mit einer Pritsche aus gewelltem Blech hatte eine Ladefläche von 4,2 Quadratmetern; für sperrigere Güter besonders zu empfehlen war die aus Holz gefertigte stattliche Großraumpritsche.

Gut erkennbar ist der Laderaum zwischen den Achsen – später wird er von VW „Tresor" genannt. In ihm ist Platz für zwei Kubikmeter Material.

T1 Doppelkabine mit Pritsche

Die Doppelkabine ist eine Kombination aus Pritschenwagen und Pkw mit **sechs** Sitzplätzen. Sperriges oder schmutziges Transportgut wird hinten transportiert, vorn sitzen diejenigen, die das Material dann verarbeiten. Vor allem bei mittleren Handwerksbetrieben und auf dem Bau kommt die Doppelkabine gut an, bietet sie doch die Chance, sowohl Personen- als auch Materialtransport mit einem Fahrzeug durchzuführen.

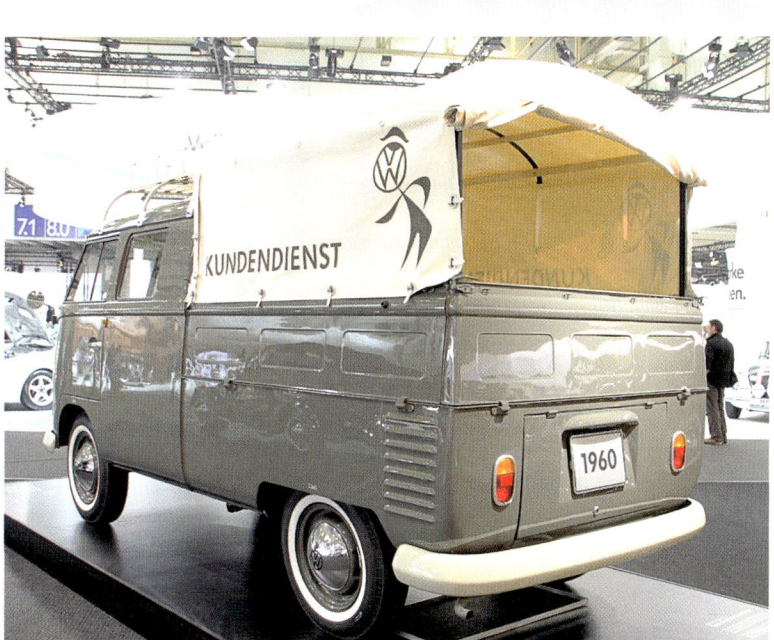

Abbildungen oben links und Mitte links: Doppelkabine mit Gepäckträger und Plane.

Abbildung oben rechts: Doppelkabine mit Plane. Das VW-Zeichen vorn wurde durch das Firmenlogo der Robert Bosch GmbH ersetzt.

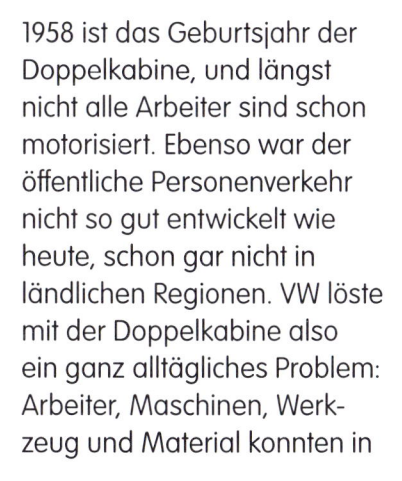

Abbildung unten: Die Doppelkabine war auch beim werkseigenen Kundendienst beliebt.

1958 ist das Geburtsjahr der Doppelkabine, und längst nicht alle Arbeiter sind schon motorisiert. Ebenso war der öffentliche Personenverkehr nicht so gut entwickelt wie heute, schon gar nicht in ländlichen Regionen. VW löste mit der Doppelkabine also ein ganz alltägliches Problem: Arbeiter, Maschinen, Werkzeug und Material konnten in einem Aufwasch zur Baustelle gebracht werden, ohne dass ein zweites Fahrzeug angeschafft werden musste. Durch die größere Kabine verlor man zwar einiges an Pritschenkapazität (sie war nur noch 2,8 Quadratmeter groß) und den aus dem Pritschenwagen bekannten Tresor, aber die Vorteile der Doppelkabine waren unübersehbar.

Abbildung linke Seite: Die Stoßstange mit Rammschutz deutet darauf hin, dass dieses Auto in die USA exportiert wurde.

47

T1 Hochdach-Lieferwagen

Der Großraum-Kastenwagen wird 1960 präsentiert, aber erst in den folgenden Jahren produziert. Das Stahlblech-Hochdach erhöht den Innenraum auf 1,75 m und auch den Stauraum dementsprechend. Der Großraum-Kastenwagen wird vielfach die Basis für Verkaufswagen.

Durch seine ebenfalls an die Höhe angepasste Seitentür können jetzt auch sperrige Güter besser transportiert werden.

Der Hochdach-Lieferwagen wurde für eine ganze Reihe Sonderaufbauten genutzt, das berühmteste davon ist wohl das Clinomobil, ein Krankenwagen, in dem die Patientenversorgung leichter vonstatten ging, da zum einen stehende Behandlung im Fahrzeug möglich war, zum anderen auch schlicht mehr Platz für lebensrettende Ausrüstung und Einbauten verfügbar war.

Abbildung linke Seite und oben: Gut zu erkennen ist, dass die Heckklappe nicht in der Größe an das Hochdach angepasst wurde, dies wäre zu aufwendig gewesen. Der Hochdach-Kastenwagen hat bereits die als Sonderausstattung verfügbare Schiebetür rechts, die später zur Serienausstattung gehörte.

Abbildung links: Das Clinomobil basierte auf dem Hochdach-Kastenwagen. Es war mehr als nur ein normaler Krankentransporter. Im Clinomobil konnten Patienten in Stehhöhe versorgt und sogar einfachere chirurgische Notfalleingriffe durchgeführt werden. Natürlich nicht während der Fahrt (siehe auch Seite 69). Dieses Clinomobil hat noch die zweiflügelige Seitentür rechts, aber schon die kleinen Richtungsanzeiger (Blinker) statt der zuvor üblichen „Winker".

T1 Kombi

Der Kombi ist – wie der Name schon sagt – ein Kombinationsmodell. Man konnte ihn als Personentransporter wie einen Bus benutzen oder auch als Lieferwagen. Der Clou war, dass man die Sitzbänke mit wenigen Handgriffen ausbauen konnte, denn sie wurden lediglich durch große Flügelschrauben, die im Boden verschraubt waren, an ihrem Platz gehalten. So war der Kombi der Variabelste unter den VW Lieferwagen.

Mit dem Kombi konnte man unter der Woche bei der Arbeit Lasten und Waren transportieren und am Wochenende mit der ganzen Familie ins Grüne fahren. Und das mit nur einem Auto. Das war die Grundidee dieses variablen Fahrzeugs.

Er war 300 Mark billiger als der Bus, dessen Sitzbänke fest installiert waren. Der Kombi war aber spartanisch eingerichtet und hatte keinerlei Verkleidung im Innenraum – das war dem teureren Bus vorbehalten. Von außen sind die beiden Modelle allerdings so gut wie nicht zu unterscheiden.

Abbildung oben: Ob Betriebsausflug oder Fahrt ins Grüne am Wochenende: Mit dem Kombi machte Mann nichts falsch, vor allem in so zahlreich angenehmer Gesellschaft.

Abbildung linke Seite:
Ein T1 Kombi „de Luxe". Dieser T1 wurde in der Restaurierungswerkstatt von Volkswagen Nutzfahrzeuge Oldtimer vollständig restauriert und vom normalen Kombi zum schicken Kleinbus umgebaut. Heute kann man dieses Fahrzeug über die Internetseite von Volkswagen Nutzfahrzeuge auch mieten.

Abbildungen Mitte rechts und links: Ein Typ 2 der ersten Generation, gut zu erkennen an der sehr großen Motorklappe und dem kleinen Fenster nach hinten. Er hat noch keine Heckklappe und keinen Überstand des Daches. Letzterer kommt erst 1955 und diente der besseren Innenbelüftung.

Abbildung rechts:
Spartanisch ist das Armaturenbrett des Typ 2; dieser hier hat immerhin schon eine Uhr.

T1 Kombi

Dieser Kombi wurde für den Export in die USA gebaut, wie der Rammschutz auf dem Stoßfänger zeigt. Auch ist die vorgezogene Dachsicke erkennbar, die der besseren Belüftung des Innenraums diente. Die großen Blinker vorne wurden 1963 eingeführt, das Fahrzeug ist also eines der jüngeren T1-Modelle.

Ebenfalls ein jüngerer T1-Kombi, teilweise zu einem Wohnmobil aus- und umgebaut.

Der Kombi war auch bei größeren Unternehmen beliebt. Man könnte meinen, hier würde ihn die Lufthansa gerade als Personentransporter nutzen. Was durchaus sinnvoll wäre: Er konnte nach Belieben entweder als Shuttle zum wartenden Flieger dienen oder als Lastenträger für das immer umfangreichere Gepäck der Passagiere. Tatsächlich entstand das Bild allerdings während der langen Nacht der Museen in München vor dem Deutschen Museum; der Oldtimer-Bulli war ein adäquates Stück Geschichte.

T1 Bus

Der Bus, oder nach der Anzahl seiner Sitzplätze auch Siebensitzer oder Neunsitzer genannt, erfreute sich großer Beliebtheit. Er hatte, wie die anderen VW Typ 2 auch, ein dem Pkw nahekommendes Fahrgefühl, es ließ sich komfortabel von einem Ort zum anderen reisen. Mitsamt der Großfamilie.

Abbildung oben: Ein T1 Bus mit halbem Dachgepäckträger. Sehr schön restauriert, aber die Felgen haben mit dem Original leider nichts mehr zu tun.

Abbildung rechts: Sehr schöner Bus in Rot-Weiß mit einigen Chromleisten als Verzierung. Der rechte Außenspiegel wurde erst 1956 Serienausstattung.

Eingeführt wurde der Bus kurz nach dem Kastenwagen 1950. Seine Sitze waren fest mit dem Boden verbunden (im Unterschied zum Kombi, in dem sie leicht ausgebaut werden konnten). Er war für die damalige Zeit fast schon gehoben ausgestattet, mit Innenverkleidung für Boden, Dach und Seitenwände. Für erhöhten Komfort war er vorne weicher gefedert als der Kastenwagen oder Kombi. Das Gepäck der Reisenden fand Platz entweder im Gepäckabteil über dem Motor im Heck, das 600 Liter fasste oder wenn der Platz für das Gepäck nicht reichte, so half der Dachgepäckträger (siehe Abb. linke Seite oben), auch wenn dadurch die maximale Geschwindigkeit litt. Man reiste damals – ohne zu rasen.

Abbildung unten: Mit diesem Bild aus einem Prospekt für den VW Bus warb man 1961 für das bequeme und individuelle Reisen „in kleiner Gesellschaft oder mit großer Familie, ohne Platz- und Gepäckraumsorgen, dabei mit hohem Fahrkomfort und dennoch die Brieftasche schonend". Um einen Blick in das bequeme Innere des Busses zu gewähren, wurden bei diesem Exemplar für Werbefotos die Seitenteile und die Beifahrertür entfernt.

Abbildung oben: Ein Export-Bus mit nicht ganz originalen Felgen, dafür sportlich tiefem Aussehen. Die ausstellbaren Frontfenster konnten als Extra geordert werden.

T1 Sondermodell genannt „Samba"

Am 19. April 1951 öffnet die erste Internationale Automobil-Ausstellung (IAA) nach dem Krieg ihre Pforten in Frankfurt. VW präsentiert dort das erste Sondermodell, das bald schon den Spitznamen „Samba" tragen wird. Es ist ein wahrer Luxusbus mit exklusiver, nobler Ausstattung und echter Rundumsicht: Eckfenster in den hinteren Säulen und kleine getönte Dachfenster sorgen für viel Licht im Innenraum.

Dieses Exemplar eines Samba – ausnahmsweise einmal nicht ziegelrot, sondern bordeauxrot – hat seinen Besitzer durch ganz Europa getragen und natürlich auch etwas Patina angesetzt. Wenn dieser Bulli seine Lebensgeschichte erzählen würde, so könnte man sicher ein Buch darüber schreiben.

Abbildung rechts: Der Samba hatte bereits bei Markteinführung ein durchgehendes Armaturenbrett und war damit Vorreiter für die anderen Typ 2-Modelle.

Doch der Samba glänzt noch durch weitere Alleinstellungsmerkmale. Er hat ein großes Falt-Schiebedach aus Stoff, das noch mehr Sonne und frische Luft hereinlässt, zahlreiche Chromteile verzieren die edle zweifarbige Lackierung. Armlehnen, Dachhimmel und bequeme Sitze machen das Reisen im Samba noch komfortabler, er ist ein wahrer Luxusbus. Und wer ihn fährt, der zeigt damit auch einen gewissen Wohlstand: Der Samba kostet mit 9250 Mark fast das Eineinhalbfache des Kastenwagens.

Spätestens mit dem Sondermodell hebt VW den Typ 2 heraus aus der Menge reiner Arbeitsfahrzeuge und erschließt sich den Markt geräumiger Limousinen.

Abbildung rechts: Die ersten Sondermodelle hatten eine gebogene Plexiglasscheibe an jeder hinteren Ecke. Sie fielen später weg, als die Heckklappe verbreitert wurde und schlicht kein Platz mehr war.

T1 Sondermodell genannt „Samba"

Ein wunderschöner Samba in Rot-Weiß eines späteren Baujahrs – ihm fehlen bereits die **beiden hinteren, runden Fenster**. Sie mussten der größeren Heckklappe weichen. Gut zu sehen sind das sehr große Falt-Schiebedach sowie die kleinen Dachfenster. Es ist kein Wunder, dass der Samba bis heute ein besonders begehrtes Modell bei Sammlern in aller Welt ist.

Ausstellfenster überall, sogar entgegen der Fahrtrichtung, was uns heute seltsam vorkommt. Aber bei der Höchstgeschwindigkeit von etwa 110 km/h, die der Samba in der stärksten Motorisierung erreichen konnte, war dies nicht allzu kritisch.

Manchmal ist es einem Bulli auch vergönnt, von der Straße auf die Bretter, die die Welt bedeuten, umzusteigen. Hier ist er wichtigster Nebendarsteller beim bekannten Hippie-Musical „Hair", aufgeführt auf der Festung Ehrenbreitstein im Sommer 2014. Mehr über diesen besonderen Samba-Bus finden Sie auf Seite 204.

Übrigens: Dass der Bulli von den Hippies zu einem Teil ihrer Kultur gemacht wurde, war VW gar nicht recht – man befürchtete einen Image-Schaden und das Abwandern der Kunden zu einem „politisch korrekteren" Konkurrenten.

T1 Camper – Die Reisemobile

Alles begann mit der Camping-Box von Westfalia. Nun gut, vielleicht nicht alles, aber als Westfalia die Box 1951 präsentierte, mutierte der Bulli im Handumdrehen zum Reisemobil. Sie bestand aus einem Kasten im Mitteleinstieg, der außer Schubladen auch noch Gas- oder Spirituskocher barg. Auflagebretter und Polster für ein Bett, Klapptisch, Schrank und ein in die Tür einhängbares Regal komplettierten das mobile Wohnzimmer.

Dass der Bulli zu einem so großen Erfolg werden sollte, verdankte er auch der stetig wachsenden Begeisterung am Urlaub. Der Krieg war lange genug vorüber, man hatte sich aufgerappelt und lebte in bescheidenem Wohlstand. Freizeitvergnügen war wieder angesagt, und ganz oben auf der Beliebtheitsskala rangierte der Camping-Urlaub. Ob auf großer Fahrt nach Italien oder auf kleinerer am Wochenende hinaus ins Grüne, der Bulli war immer der richtige Begleiter. Und noch richtiger wurde er durch die Findigkeit der Aufbauer, die aus dem Bulli viele verschiedene und großartige Varianten von Freizeit- und Campingmobil machten. Die bekannteste dieser Firmen ist sicherlich Westfalia, mit der Volkswagen eine langjährige Partnerschaft eingehen sollte, aber es sind viele kleine, mittlere und große Unternehmen, die im Camping-Umbau Fantastisches geleistet haben. Übrigens: „Camper" durfte der Reise-Bulli nur kurz heißen, einmal mehr wurde der Name von einem anderen Unternehmen beansprucht.

Ein Foto aus der Werbung von VW. Es war die Faszination von Freiheit und Abenteuer, mit der auch VW für seine Campingmodelle warb.

Ein sehr schöner, früher T1 noch mit kleinem Fenster am Heck, der zum Camper mutierte. Man erkennt Gasflaschen und darüber einen eingebauten Kocher, Platz für Polster hinter den Vordersitzen und das eingehängte Regal an der hinteren Seitentür. Ein Camper-Traum in Grün-Weiß.

T1 Camper – Die Reisemobile

Abbildungen rechts und unten: Es tat sich einiges auf dem Camping-Markt. Dieses Fahrzeug hat ein kleines Hubdach, was den großen Vorteil mit sich brachte, dass man darunter aufrecht stehen konnte. Außerdem war eine dauerhafte Belüftung gesichert, ohne dass man sich Sorgen um Regen oder Stechmücken machen musste, denn das Hubdach war auch ausgefahren wasserdicht und die Moskitonetze bildeten unüberwindliche Hindernisse für die kleinen Biester. Die auf dem Bild gezeigte Variante stammt vom „Texas Kit" ab und wurde von 1965 bis 1967 als „Standardtyp SO 42" oder in der aufgewerteten und umfangreicher ausgestatteten Luxusvariante „VW Campingwagen SO 44" angeboten.

Abbildung oben: „Man reist wieder". Diese Abbildung stammt aus einem Prospekt, und wenn man genau hinschaut, erkennt man auch, dass es sich hierbei nicht um den Strand von Rimini handelt, sondern um eine Fototapete in einem Studio. Ob die drei anschließend in die Sommerferien aufgebrochen sind, ist nicht überliefert.

Abbildung links: Zelte gab es in vielfacher Ausfertigung, vom ganz kleinen bis zum angebauten Hauszelt in XXL-Dimensionen von allen nur erdenklichen Herstellern. Sie kamen dem Kundenwunsch nach mehr Platz nach – individuell gewählt nach Gutdünken und Größe des eigenen Geldbeutels.

63

T1 Camper – Die Reisemobile

Seitenansicht auf einen halb geöffneten T1-Bulli mit Campingausbau. Er verfügt über einen ausklappbaren Tisch und eine Truhe hinter dem Fahrersitz. Die Felgen sind allerdings jüngeren Baujahrs.

Bulli T1 Westfalia Camper Baujahr 1965. Es ist der gleiche Wagen wie der auf der nächsten Seite oben. Dieses guterhaltene Stück wurde von seinem Besitzer in Südfrankreich 1993 auf einer einsamen Wiese gefunden und mithilfe vieler Freunde restauriert. Unten ein Blick ins Innere bei geöffnetem Faltdach.

Das schräg aufstellende Faltdach wurde ursprünglich in England unter dem Namen „Dormobile" verkauft. Es ist aus Polyester gefertigt und bietet zwei zusätzliche Schlafplätze. Seit 1963 konnte man es auch bei Westfalia ordern, wo es in Lizenz angeboten wurde. Der große Vorteil bestand darin, dass es in jede geschlossene Variante des T1 eingebaut werden konnte, der Nachteil war, dass die Karosserie mit Unterflurblechen verstärkt werden musste. Die vielseitige Einsatzmöglichkeit eines solchen Fahrzeugs machte es auch bei privaten Flohmarkthändlern sehr beliebt, denn mit diesem Gefährt konnte man schon am Vorabend anreisen, an Ort und Stelle übernachten und war am nächsten Morgen rechtzeitig am Stellplatz, um aufzubauen. Hier steht der Bulli vor Schloss Bürresheim in der Eifel.

Auch auf der Messe „Auto Retro 2013" in Barcelona präsentierte die spanische VW-Gruppe ihre Oldtimer Camper-Bullis. Vor allem gut erhaltene Bullis aus trockenen und warmen Klimazonen, die wenig Rost angesetzt haben, werden heute zu stolzen Preisen gehandelt und durch Spezialwerkstätten restauriert, sodass man glauben könnte, man hätte Neufahrzeuge vor sich. Im Bild ein lichtgrauer T1 California mit Falt- und Vordach in bestem Zustand.

T1 Sonderfahrzeuge und Umbauten

Schon vom ersten Tag an war klar, dass der Typ 2 in zahlreichen Sonderanfertigungen verfügbar sein würde. Am 15. August 1949 forderte der VW-Generaldirektor Nordhoff von seinen Ingenieuren für die erste Vorstellung des VW Transporters bei der Presse und ausgewählten Händlern insgesamt vier Vorführwagen an.

Zwei davon sollten für Sondereinbauten vorbereitet sein, zwei zusätzliche Musterfahrzeuge, ein Krankenwagen sowie eines für die Post waren ebenfalls schon beauftragt. Ein großer Teil des Erfolgs des Bullis hing damit zusammen, dass er für so viele Zwecke Verwendung finden konnte und so für viele Organisationen und Unternehmen von außerordentlichem Interesse war.

Man konnte den Typ 2 nicht nur zu fast allem umbauen, sondern auch direkt beim Werk seine eigene Sonderausführung bestellen. Zumindest als Großkunde oder wenn es sich um Wagen handelte, für die ein spezialisierter Markt vorhanden war.

Der „Schienen-Bus", bei der Deutschen Bahn „Kleinfahrzeug 20-5010" genannt, hier eingesetzt als Gleisreinigungsfahrzeug, basierte auf einer Transporter-Karosserie mit einem umgebauten Fahrwerk. Der Bulli läuft auf Eisenbahnschienen, ihm fehlt das Lenkrad. Da das Umdrehen auf Gleisen ein wenig schwierig ist, stattete ihn sein Erbauer, das Rosenheimer Unternehmen Beilhack, mit einer Art hydraulischen Hebebühne aus, die zwischen den Achsen nach unten fuhr, das Fahrzeug einmal anhob und um 180 Grad drehte.

Abbildung rechts und linke Seite: Der österreichische Automobil-Club ÖAMTC ist der stolze Besitzer dieses „Pisten-Bullis". Mit seinem Kettenantrieb schafft der umgebaute T1 etwa 15 km/h, klettert aber wie eine Gams auf den höchsten Berg oder fährt im Sommer durch den schönsten und feinsten Sand an so manchem Strand oder stattet Freibädern einen Besuch ab. Er ist ein Partybus, unter seiner Typ 2-Karosserie findet man eine recht mächtige Musikanlage, womit der Ketten-Bulli garantiert zum Zentrum einer jeden Feier wird.

T1 Sonderfahrzeuge und Umbauten

So gab es Feuerwehr- und Krankenwagen, Polizeifahrzeuge, Viehtransporter, den Schienen-Bulli, Kühltransporter, Strahlenmessfahrzeuge, Abschleppwagen, Kommunalfahrzeuge wie den Hubsteiger (mit hydraulischer Hebevorrichtung für einen Arbeitsplatz in luftiger Höhe), Verkaufswagen, Bestattungsfahrzeuge, kleine Kranwagen oder Tieflader und viele, viele Varianten mehr.

Nicht alle, aber doch viele Sonderfahrzeuge konnten direkt ab Werk geordert werden. Doch auch noch spannendere Umbauten gab und gibt es.

Übrigens: Von den in den ersten zehn Jahren gebauten 678.000 Bullis waren 6000 Sonderfahrzeuge.

Ein Feuerwehr-Spritzenwagen von 1962 auf Basis eines Transporters mit Doppeltür auf der linken Seite und Öffnungen für die Schläuche rechts.

Ein Feuerwehrumbau mit großer Leiter. Der T1-Pritschenwagen, der die Leiter trägt, ist ein jüngeres Modell von 1965. Würde es nicht auf dem Nummernschild stehen, wäre dies aber auch ersichtlich an den großen Blinkern vorne. Es gab zig verschiedene Bulli-Feuerwehrwagen, ein jeder auf die speziellen örtlichen Bedürfnisse abgestimmt.

Ein Krankenwagen von 1956. Die kleinen Blinker mögen auf den ersten Blick irritieren, sie ersetzten den mechanischen Winker in Deutschland erst 1960. Für den Export wurden sie teilweise aber schon früher eingebaut.

Abbildung Mitte rechts: Das „Clinomobil" als Hochdach-Kastenwagen mit erweiterter Notfallaustattung (siehe auch Seite 49).

Abbildungen unten rechts und unten links: Im Innern des „Clinomobils" auf Basis eines Hochdach-Kastenwagens, der zum mobilen Rettungszentrum umfunktioniert wurde. Durch das verbesserte Platzangebot im Hochdach war es möglich, den Patienten stehend zu behandeln und mehr Instrumente und Materialien unterzubringen als im „normalen" Krankenwagen.

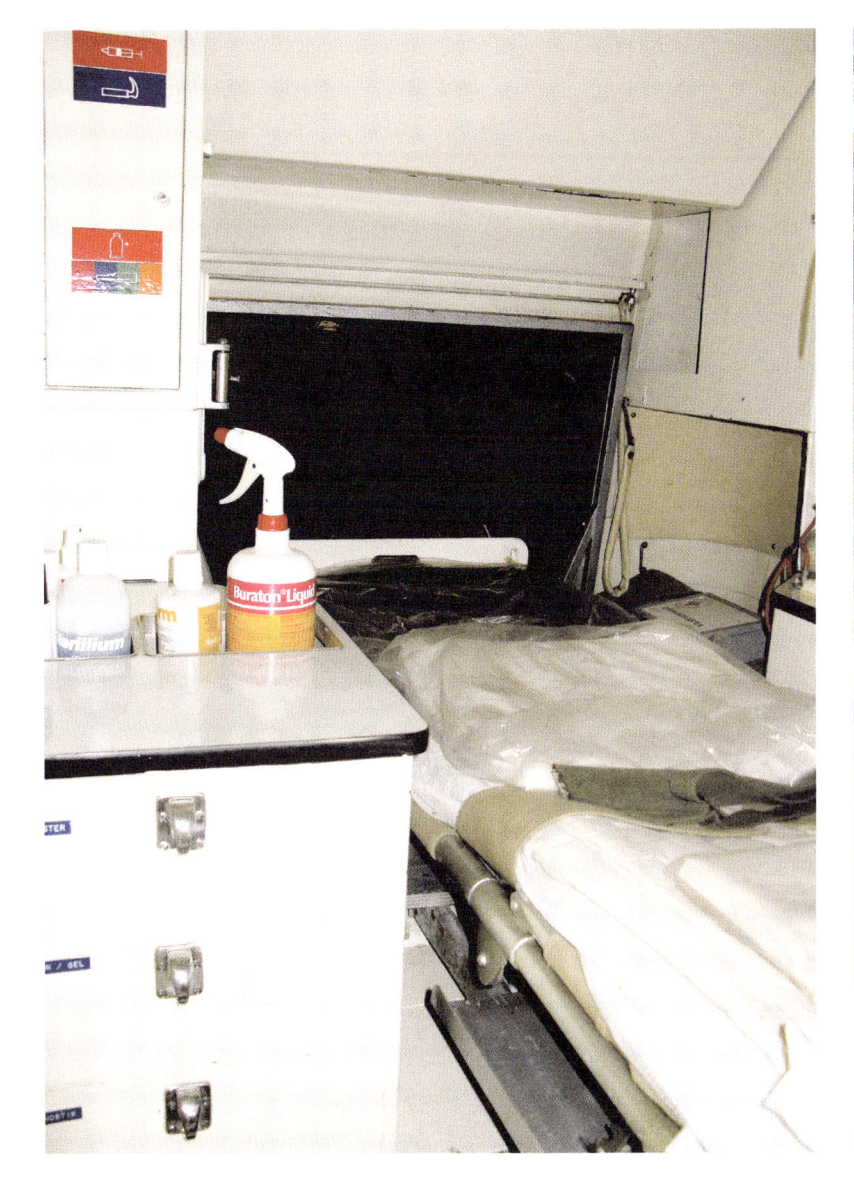

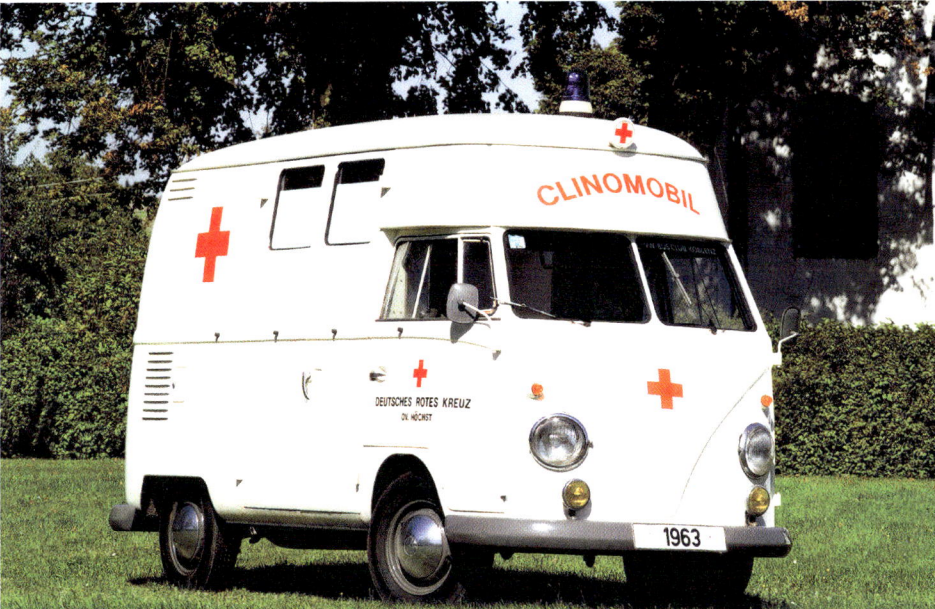

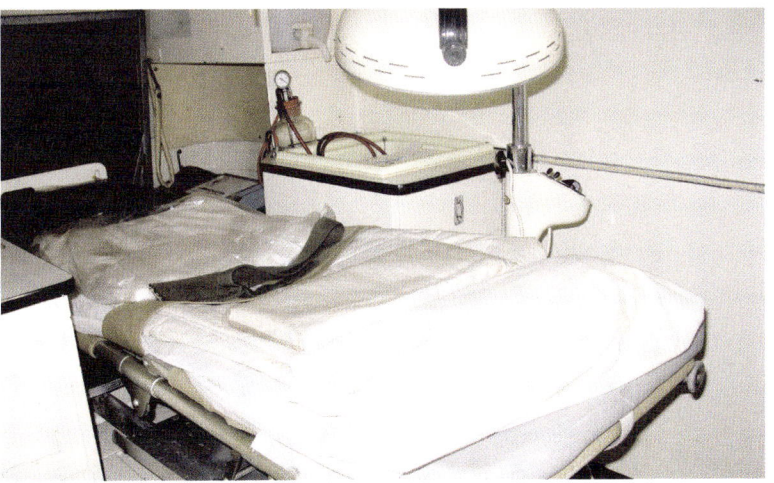

T1 Sonderfahrzeuge und Umbauten

Eine andere Art von Arbeitsfahrzeug. Der Hubsteiger (oder auch die „Hubarbeitsbühne") besteht aus einer Arbeitsplattform mit Ein- und Ausstieg, die, vom Fahrzeug aus hydraulisch gelenkt, Arbeiten in luftiger Höhe ermöglicht. Zur verbesserten Standfestigkeit verfügt das Fahrzeug über Stabilisierungsstützen, die auf den festen Untergrund herabgelassen werden. Im Bild rechts ein Fahrzeug das über viele Jahre bei der Dachdeckerei Schiedrum in Eschwege seinen Dienst verrichtete.

Ein Strahlenmesswagen des Deutschen Roten Kreuzes auf Basis eines T1-Kombis.

Ein Bulli in ganz besonderer Tarnfarbenlackierung. Ob der Wagen mit seinen Besitzern immer noch auf Safari geht oder zu großen Entdeckungsreisen aufbricht, ist uns leider nicht bekannt.

Eine Doppelkabine als Einweisungsfahrzeug auf dem Münchener Flughafen mit einer Batterie starker, rückwärts gerichteter Scheinwerfer und der hierfür üblichen Sonderlackierung, die diese Fahrzeuge besonders auffällig ins Auge springen lässt.

Ein städtisches Einsatzfahrzeug, basierend auf dem Pritschenwagen, allerdings ohne die Seitenwände. Vermutlich wurden hier größere, schwere Güter transportiert wie beispielsweise Kabeltrommeln oder ein Minibagger, die dann mit Gurten an Zerr-Ösen befestigt wurden.

Ein VW, der einen Porsche trägt. Einer der wenigen T1, die einen Umbau beim Radstand hinter sich haben. Wegen des Heckmotors war dies üblicherweise schlicht zu kompliziert und damit zu teuer. Andererseits, wenn damit Luxussportwagen durch die Welt kutschiert werden, kommt es wohl nicht allzu sehr auf die Kosten an.

71

Der Bulli T2 – 1967 bis 1979
Die Evolution macht nicht halt

73

Der Bulli T2 – 1967 bis 1979

Der August 1967 beschert Volkswagen den ersten Modellwechsel überhaupt. Nach 17 Jahren Produktionszeit und über 1,8 Millionen gefertigten Exemplaren darf der T1 in den wohlverdienten Ruhestand.

Seinem Nachfolger sieht man die Herkunft noch sehr gut an – er ist unverkennbar ein VW Transporter. Aber die Bulli-Evolution hat eben auch nicht haltgemacht, weder technisch, noch optisch.

T2 Bulli-Parade beim VW-Bus-Treffen 2013 in Mörel in der Schweiz. Ganz hinten hat sich ein T1 in die Reihe gemogelt. So kann man die unterschiedlichen Gesichter und den optischen Evolutionsfortschritt sehr deutlich erkennen.

Das VW Großraum-Taxi   Das VW Feuerlöschfahrzeug TSF (T)   Der VW Hochraum-Verkaufswagen   Der VW Isotherm

Beginnen wir mit dem, was man sieht: Der T2 ist jung, mit riesigen Seitenfenstern und modisch-aktueller, aber wie die Jahre zeigen werden, dennoch zeitloser Front. Hell wirkt die Fahrerkabine, der Fahrer blickt nun durch eine durchgehende Frontscheibe auf die Straße und durch deutlich größere Spiegel nach hinten. Der T2 ist größer als sein Vorgänger; 8 cm vorne und hinten verlängern ihn auf 4,42 m, er ist 1,77 m breit und mit kleinen Unterschieden in den Modellen etwa 1,95 m hoch. Er liegt ein wenig näher an der Straße, geschuldet einer geringeren Bodenfreiheit. Die Schiebetür auf der Beifahrerseite ist Serie, die Luftzufuhr für den Motor erfolgt nun über Lüftungsschlitze oben in der C-Säule (heute vielfach „Ohren" oder „Kiemen" genannt). Der Innenraum wirkt aufgeräumter und moderner.

Ein schicker T2 Bus in Mintgrün mit halbem Dachgepäckträger, Schlafaugen und Sonnenblende

Auch bei den inneren Werten legte man nach. Schon der T1 kam auf einer selbsttragenden Karosserie daher, doch war bei ihm vor allem der starke Bodenrahmen Garant für Stabilität. Die Wände des Aufbaus jedoch waren einteilig, nur durch Profile verstärkt. Der T2 geht einen Schritt weiter: Er ist völlig selbsttragend konstruiert, mit doppelwandigem Aufbau (einer zweiten Innenwand aus Blech), was bei ihm für eine

nd Fleischtransporter   Der VW Campingwagen   Der VW Pritschenwagen mit hydraulischer Hebebühne   Der VW Verkehrsunfallwagen

Der Bulli T2 – 1967 bis 1979

enorme Verwindungssteifheit sorgt. Der Innenraumboden wurde abgesenkt, was mit einer Vergrößerung des Ladevolumens einhergeht. Möglich wurde dies durch eine völlige Neukonstruktion der Hinterachse: Eine Doppelgelenkachse mit Schräglenkern war kein übliches Teil eines Nutzfahrzeugs. So kommt es zu legendären Versuchsfahrten – in den Kurven war der (mit einem stärkeren Motor ausgerüstete) T2 sogar der weiß-blauen Konkurrenz aus dem Südosten der Republik überlegen. So heißt es denn auch in einer Pressemitteilung 1967: „Wie ein Personenwagen. Der neue Volkswagen-Transporter." Was der T2 in den kommenden Jahren in vielen Vergleichstests beweisen wird.

Verstärkt in der Diskussion das Thema Sicherheit: Auch der T2 wird von vier Trommelbremsen wieder zum Stehen gebracht, neu sind jedoch ein Zweikreisbremssystem und die 1969 kommende, aufpreis-

Der spart ein Schweinegeld.

Wenn es um die Wurst geht, fährt man mit dem Volkswagen Transporter richtig. Er ist von Kopf bis Fuß auf Sparen eingestellt.
Seine Motoren sind robust und sparsam. 100 Kilometer schafft er je nach Motorisierung mit 11,4 bzw. 11,8 Liter Normalbenzin (DIN).
Seine Zuverlässigkeit ist sprichwörtlich. Denn daß ein Auto, das wir seit 28 Jahren in über 4,7 Millionen Exemplaren gebaut haben, nicht oft in die Werkstatt muß, versteht sich von selbst.
Eine große Hilfe für kleinere Betriebe ist auch, daß er nicht von einem Spezialisten gefahren werden muß. Mit dem Volkswagen Transporter kommt jeder gut zurecht. Sein Fahrwerk hat PKW-Charakter, sein Fahrerhaus PKW-Komfort. Deshalb fährt er sich wie ein PKW.
Durch seine breite und hohe Schiebetür läßt er sich serienmäßig besonders leicht be- und entladen. Und auch seine große Heckklappe kostet keinen Pfennig extra.
Haben Sie je von einem nützlicheren Sparschwein gehört?

VW Der Transporter.

Eine originelle Werbeanzeige für den T2 Transporter von 1969.

Der VW Verkehrsunfallwagen · Der VW Feuerwehr-Mannschaftswagen · Der VW Hochraum-Kombi · Der VW Kipper

pflichtige Bremskraftverstärkeranlage. Gurte können nun geordert werden – sowohl für Fahrer und Beifahrer als auch für die äußeren Sitze im Transportraum. Im Laufe der nächsten Jahre wird hier noch einiges geschehen.

Geblieben ist indes das Konzept: Weiterhin wird der T2 vorne gelenkt, hat seinen Motorraum und den Antrieb im Heck und den Laderaum dazwischen. Und auch seinen Kosenamen behält der T2: Bulli wird er weiterhin genannt.

Der T2 ist zu Serienbeginn erhältlich als Kastenwagen, Pritschenwagen, Doppelkabine und Kombi. Die Hochdachvariante kommt 1968. Der Bus nennt sich Clipper, das T1-Sondermodell „Samba" bekommt einen Nachfolger namens Clipper L, der allerdings mehr ein aufgewerteter Bus ist als das optisch alleinstehende Sondermodell: Weder Dachfensterchen noch Stoff-Faltdach sind erhältlich. Der 1,6 l-Boxermotor leistet 47 PS.

Auch der robuste T2 musste sich dem einen oder anderen Test stellen oder dann und wann neu eingestellt werden. Hier ein Foto von 1973.

Die Preise liegen zwischen 6475 Mark (Pritschenwagen) und 7980 Mark (Clipper). Ein weiteres Mal gibt es Probleme mit den Namen, sodass der „Clipper" bald wieder passé ist. Er heißt – auch das in guter Typ 2-Tradition – nun nach seinem Gebrauch Sieben- oder Achtsitzer.

Am 12. April 1968 stirbt Heinrich Nordhoff. Eine Ära geht zu Ende.

1969 wird die Heckscheibenheizung eingeführt, und eine Sollbruchstelle in der Lenksäule hindert selbige daran, den Fahrer im Falle eines Unfalls schwer zu verletzen. Der schon erwähnte Bremskraftverstärker sowie Kopfstützen (im Transporter ohne Trennwand) sind als Extras verfügbar.

1970 steigt die Motorleistung auf 50 PS. Doch man hat Probleme mit dem dritten von vier Zylindern – er wird zu warm. Ein Unding für VW, steht doch der Firmenname mehr für zuverlässige Dauerläufer als jeder andere.

Der VW Krankenwagen   Der VW Tiefkühltransporter   Der VW Isotherm- und Fleischtransporter

Der Bulli T2 – 1967 bis 1979

Der Flachmotor benötigte wesentlich weniger Platz als die älteren, normal ausgeführten Aggregate. Er wurde ab 1971 eingebaut.

Man erhöht die Leistung der Ölpumpe und versorgt den Motorölkühler nun aus dem Gebläsekasten mit Luft. Auch das Thema Sicherheit steht wieder auf der Agenda: Der T2 bekommt vorne Scheibenbremsen spendiert, die eine Umkonstruktion des ganzen Vorderachskörpers mit sich ziehen. Größere Trommelbremsen hinten verzögern den Bulli nun deutlich besser.

Das alles kostet, und VW dreht 1970 gleich dreimal an der Preisschraube, sodass der Kastenwagen zum Ende des Jahres stolze 8375 Mark kostet – inklusive der 1968 eingeführten Mehrwertsteuer.

Im Folgejahr kann der sportliche T2-Fahrer seinen Bulli wahlweise mit einem 1,7 Liter-Motor ordern. Stolze 66 PS leistet das Aggregat, immer noch in Boxeranordnung und luftgekühlt, aber sehr viel flacher gebaut, was ihm den Beinamen „Flachmotor" einbringt. Von außen erkennbar ist die rohe Kraft am Auspuffendrohr auf der rechten Seite.

Umfangreiche Änderungen stehen 1972 an. Ausgelöst von höheren Sicherheitsanforderungen an Insassenschutz und Fahrsicherheit in den USA wird die Technik des Transporters so sehr überarbeitet, dass die darauf folgenden Bullis als T2b bekannt werden. Größere Stoßstangen mit daran anschließenden Verformungselementen im vorderen Rahmen und serienmäßige Sicherheitsgurte an allen Sitzen sind nur die augenfälligsten Merkmale. Der T2 erfüllt damit 13 amerikanische Gesetze zum Insassenschutz, obwohl sie gar nicht für ihn gelten, sondern nur für Pkws – der VW-eigene Anspruch geht über die äußeren Anforderungen hinaus. Ein Automatikgetriebe wird lieferbar, die Blinker bekommen ein neues Aussehen.

Erste Versuche mit alternativen Antrieben finden statt, nennenswert ist vor allem der Elektroantrieb: Rund 60 km weit kommt man mit der 900 kg schweren Batterie.

In den nächsten Jahren wachsen Hubraum (bis auf 2,0 l) und Leistung (bis auf 70 PS), parallel dazu werden die Bremsen überarbeitet, 1976 wird zum ersten Mal eine Klimaanlage angeboten.

1978 erscheint endlich wieder ein Sondermodell, das in die Fußstapfen des „Samba" tritt: Der „Silberfisch" wird geboren – ein silbern lackierter Bus mit Luxus-Vollausstattung.

Nachdem 1975 bereits der erste Allradtransporter ohne Wissen des Vorstands durch die Sahara fuhr, gibt es drei Jahre später die ersten fünf „offiziellen" Versuchsfahrzeuge mit zuschaltbarem Vierradantrieb.

Ende Oktober 1979 endet die Produktion des T2 in Hannover. In Brasilien wird er noch bis 2013 weitergebaut, mit diversen Anpassungen in dieser Zeit.

Die T2 „Last Edition" aus Brasilien. Der Bus, der in Brasilien Kombi genannt wird, wurde 2013 zum letzten Mal produziert. Dann stellte VW auch hier die Produktion des T2 Bus ein, denn auch in Südamerika stiegen die Sicherheitsanforderungen. Der Bulli konnte bei Crash-Tests wegen zu geringer „Knautschzone" und Problemen beim Einbau eines Airbag die Anforderungen nicht erfüllen. Siehe auch Seite 83.

Den T2 Bus aus Brasilien gab es mit einem wassergekühlten Vierzylinder-Motor, 80 PS und 1,4 Liter Hubraum, der die Höchstgeschwindigkeit von 130 km/h erreichte. Der bis 1979 in Deutschland gebaute T2 Original-Bus besaß einen luftgekühlten Heckmotor.

In Brasilien wurde im Jahr 2006 der luftgekühlte Boxer-Motor durch einen wassergekühlten Motor ersetzt. Mit diesem kann Benzin oder Alkohol in jeder beliebigen Mischung getankt werden. Optisch sieht die Karosserie dem deutschen T2-Original ziemlich ähnlich. Die auffälligsten Unterschiede sind das etwa 10 Zentimeter höhere Dach und die Front mit dem Kunststoffkühlergrill.

T2 Clipper (Bus) und Kombi

Der reine T2-Personentransporter heißt zu Beginn seiner Karriere „Clipper", was der amerikanischen Fluggesellschaft PanAm so gar nicht gefallen will, denn deren Flugzeuge tragen den gleichen Namen. Nicht, dass in diesem Fall Verwechslungsgefahr bestünde. VW kommt den Amerikanern entgegen und nimmt den Namen Clipper aus dem Programm. Der T2-Bus hört daraufhin auf das schlichte „Sieben-" oder „Achtsitzer".

Diesen T2 muss ein großer Fan der Beatles lackiert haben. Die Malereien zeigen die Pilzköpfe in ihren Comic-Versionen aus dem Film „Yellow Submarine".

Die Gefahr der Verwechslung besteht indes mit seinem Bruder, dem T2-Kombi. Von außen sind die beiden so gut wie gar nicht zu unterscheiden, lediglich bei den inneren Werten wird man fündig. Wie schon bei seinem Vorgänger T1 können beim Kombi die Sitzbänke einfach demontiert werden, um Platz für Lasten zu schaffen. Beim Clipper/Siebensitzer/Achtsitzer (ich verwende für den Rest dieses Kapitels das Kürzel „Bus") ist das nicht möglich. Zudem ist die Innenausstattung beim Bus höherwertig.

Ein T2 der ersten Baureihe mit Blinkern knapp über den Stoßfängern, die bis unter die Tür laufen und in die Trittstufe übergehen.

Ein etwas späterer T2. Die Blinker oben neben dem Luftgitter und die kräftige Stoßstange deuten auf ein Baujahr ab 1972. Letztere ist Teil eines neuen Deformations-Aufbaus im Frontbereich und trägt bald den Spitznamen „Eisenbahnschiene". Das im Bild gezeigte Fahrzeug ist Schulbus des Colegio D'Leon Alto Obrajes in La Paz (Bolivien). Ein wunderschönes Exemplar.

T2 Clipper (Bus) und Kombi

Der Bulli sorgt auch heute noch für Aufmerksamkeit. Diesen hier, in typischer 70er-Jahre-Bemalung aufgemacht, schickte der Naturkost-Pionier Rapunzel 2005 auf eine Tour durch die Republik. Zum 30-jährigen Bestehen des Unternehmens sollte er in Anspielung auf den Firmennamen und das Märchen um die Jungfrau im Turm den längsten Zopf Deutschlands finden.

Der Rapunzel-Bulli hat zwei gern georderte Zusatz-Ausstattungen verbaut. Zum einen die Scheinwerferschirmchen, die schon beim Käfer „Schlafaugen" hießen, und die außen aufmontierte Sonnenblende.

Ein T2, wie er jünger nicht zu bekommen ist. Der „Last Edition" war die letzte T2-Baureihe, die 2013 aus der brasilianischen Fabrik fuhr. Er war auf 600 Exemplare limitiert und heiß begehrt. Im Bild ein Exemplar bei der Anlieferung ins VW Nutzfahrzeuge Museum Hannover. Die Fertigung des Kombi begann in Brasilien im September 1957, er wurde damit 56 Jahre dort gebaut. Man könnte sagen: Weltrekord!

Ein Nova Kombi Carat aus dem Baujahr 1998. Der T2 wurde in Brasilien mit einigen Modifikationen bis 2013 gebaut. Neue Sicherhheitsbestimmungen für die Zulassung sorgten für einen endgültigen Produktionsstopp. Die geforderten Airbags ließen sich technisch und wirtschaftlich einfach nicht unterbringen.

T2 Reisemobile

Auch vor dem T2 macht die Reisewelle nicht halt. Ganz im Gegenteil: Immer mehr Umbauer begeistern sich für den Bulli und bauen immer mehr Varianten. Auch wenn die alten Bekannten weiterhin den Ton angeben: Westfalia bietet eine T2-Ausbaubox namens Mosaik an; unter diesem Namen war sie schon beim T1 zu haben.

Abbildung oben und linke Seite: Das gegen die Fahrtrichtung öffnende Dach wurde im Herbst 1973 präsentiert. Zwei Erwachsene fanden Platz im Doppelbett unter der Kunststoffschale mit Faltenbalg.

Die beiden Fotos entstanden an einem traumhaften Campingplatz am Strand des Pazifischen Ozeans von Jalama Beach in Kalifornien. Hier werden Camperträume von der Realität noch übertroffen.

T2 Reisemobile

Das mit einem seitlich öffnenden Hubdach versehene „Dormobile" ist auch für den T2 wieder erhältlich.

Die ersten fest umgebauten Campingwagen folgten direkt nach Markteinführung des neuen Bullis. Zumindest für die Exportmodelle – für den „Campingwagen SO 62" für den deutschen Markt lag noch keine Allgemeine Betriebserlaubnis vor. Dass der Amtsschimmel hierbei kräftig gewiehert hat, ist aber nicht allzu tragisch, da der Inlandsabsatz von Campingmodellen erfahrungsgemäß sowieso erst mit steigenden Temperaturen anzieht. So verkaufen sich die T2-Reisemobile im Frühling 1968 dann auch besser. Zuerst dominieren Hochdachvarianten, die nach hinten öffnen, das Geschehen, sie sind aber meist kurz und bieten nur Platz für Kinder oder bestenfalls Jugendliche.

1971 wird das Modell „Amsterdam" zum Standard-Campingwagen, ein Entschluss, den Volkswagen und Westfalia gemeinsam tragen; „Amsterdam" soll nahezu baugleich weltweit angeboten werden.

1975 präsentiert Westfalia den Campingwagen SO 76/1, genannt „Berlin", der eine überraschende Neuerung bietet, die auch heute noch in fast jedem Wohnmobil zu finden ist: Der Beifahrersitz ist drehbar und somit in das „Wohnzimmer" integriert, was im gesamten Aufbau des Campingmobils für Platz und Bewegungsfreiheit sorgt, da plötzlich ganz andere Grundrisse möglich sind.

„Schau mir in die Augen, Kleines". Ein Bulli hat immer Stil. Beim internationalen VW Festival in Conwy, North Wales, heißt es sehen und gesehen werden. Da muss man sich schon ordentlich präsentieren. Schließlich will man sich ja nicht blamieren und vielleicht sogar einen Preis gewinnen.

Selten zu sehen ist der Ventura-Campingbus. Er wurde in Backnang mit einem „Super-Jumbo-Großraumdach" ausgestattet – in englischer Lizenz. Immerhin drei Erwachsene fanden darin Platz; zwei weitere schliefen ebenerdig.

T2 Reisemobile

Skurril mutet dieser Umbau von Karmann an. Aber auch wenn das Äußere nicht gefallen sollte, die inneren Werte überzeugen: Den Karmann gab es sogar mit Dusche mit einem Gasdurchlauferhitzer. Untergebracht in einem T2 – eine Meisterleistung der Platzplanung.

Die beiden Bilder zeigen einen T2 Karmann 1.9, Baujahr 1979, genannt Karmann Gypsy, Laufleistung 117.000 km, 69 PS, Hubraum 1957 ccm, Vierzylinder-Benzinmotor, fünftürig, Schaltgetriebe mit vier Gängen, Heckantrieb, vorne mit Scheibenbremsen und hinten mit Bremstrommel. Ausgestattet mit Heizung, Toilette, Kühlschrank, Kochstelle und Spüle. Dieses sehr gut erhaltene Modell wurde 2014 von einem niederländischen Fahrzeughändler technisch überholt und zum Preis von 16.500 Euro zum Kauf angeboten.

Wer mit seinem Bulli-Camper nichts zu lachen hat, der macht irgendetwas falsch. Ganz im Gegensatz zu dem Fahrer dieses lächelnden T2. Einen Bulli zu fahren, ohne Spaß dabei zu haben, ist fast nicht möglich. Auch die Plüschtiere hinter der Frontscheibe lassen darauf schließen, dass ihr Besitzer viel Spaß mit ihnen und dem Bulli hat.

T2 Doppelkabine und Pritsche

Wie schon beim T1 sind auch beim T2 Doppelkabine und Pritschenwagen reine Arbeitstiere. Letzterer war das Einstiegsmodell für den Typ 2, es kostete zur Markteinführung 6475 Mark. Die Pritschenfläche wurde sowohl beim Pritschenwagen als auch bei der Doppelkabine größer als beim T1, ebenso die Motoren: Bei Produktionsbeginn schlägt ein 47 PS starkes Herz im Bulli, bis zu 70 PS stark wird es im Lauf seiner Karriere als T2.

Mit dem Standardpritschenwagen konnte man bis zu 1000 kg transportieren. Seine Bordwände waren aus Stahl und dreiseitig herunterklappbar. Die Ladefläche hatte eine Größe von 2,90 x 1,49 m (= 4,3 m^2), lag genau auf 98 cm Höhe und damit auf Höhe einer Normladerampe. Der Pritschenboden hatte schmale Holzrillen, um die Ladung leichter schieben zu können und damit sie bei Regen nicht im Wasser lag. Die Ausstattung mit einem Planenaufbau war auch möglich. Unter der Ladefläche hatte der Pritschenwagen den sogenannten Tresorraum mit einer Größe von 1,30 x 1,60 x 0,34 m, der gern als Stauraum für Werkzeuge und Getränkekisten genutzt wurde.

Die sogenannte Großraumpritsche hatte zwar nur 920 kg Nutzlast, aber dafür 2,90 x 1,80 m (=5,2 m^2) Ladefläche. Der Ladekasten war aus Holz und hatte einen glatten Boden. Auch hier waren die drei Bordwände zum Herunterklappen.

Beide Modelle hatten an der hinteren Bordwand eine kleine, ausklappbare Trittstufe, damit man leicht auf die Ladefläche steigen konnte.

Pritschenwagen sind sehr praktisch und für vielerlei Zwecke geeignet. Ich erinnere mich noch gut, dass wir mit meiner Familie und der meines Onkels in den 1960er-Jahren mit vier Erwachsenen und sieben Kindern mit der Pritsche einen Maiausflug gemacht haben. Ein unvergessliches Erlebnis.

Einblick in das Innere einer T2-Doppelkabine.

So wurden die Standardpritsche und die Großraumpritsche des T2 im Verkaufsprospekt nebeneinander präsentiert.

Ein lindgrüner T2 Bulli als Pritschenwagen mit dem verbreiterten Holzpritschenaufbau.

T2 Kastenwagen

Der Kastenwagen ist auch beim T2 als Lieferwagen konzipiert. Er wog zur Einführung 1967 genau 1175 kg, weitere 1000 kg konnten zugeladen werden. Der anfänglich noch luftgekühlte Boxermotor mit einem Hubraum von 1584 ccm leistete 47 PS und beschleunigte den Kastenwagen laut Werksangabe auf bis zu 107 km/h.

Sein Laderaum ist im Vergleich zum T1 gewachsen: Auf fünf Kubikmetern findet nun noch mehr Material Platz. Serienmäßig ist der Kastenwagen von 1967 ausgestattet mit einer Schiebetür auf der Beifahrerseite und einer Frontstoßstange, die seitlich um die Karosserie herumgezogen wurde und in die Trittstufen überging. Der Kastenwagen kostete zur Markteinführung 6680 Mark. 1979, als er vom T3 abgelöst wurde, schlug er mit einem Neupreis von 14.540 Mark ein weitaus größeres Loch in die Kasse.

Bei dem in den Bildern gezeigten VW Bulli der Koblenzer Brauerei handelt es sich um ein VW T2 Bulli Sonderfahrzeug als geschlossener Kastenwagen mit Erstzulassung am 16. April 1969. Der Motor macht aus 1570 ccm Hubraum 47 PS bei 4000 Umdrehungen. Die Höchstgeschwindigkeit wird mit 105 km/h angegeben.

Das Fahrzeug war zunächst für ein kurzes Jahr in einer Samenhandlungs-Firma in Koblenz eingesetzt, dann 40 Jahre als Betriebsfeuerwehr-Löschwagen der Königsbacher Brauerei in Koblenz im Einsatz.

Größere Einsätze waren in der 40-jährigen Dienstzeit des Bullis von 1970 bis 2000 nicht zu vermelden. Das Feuerwehrfahrzeug hat eine nicht fest eingebaute Feuerlöschpumpe, fest eingebaute Schlauchhalterungen und Rüstzeug. Rohre für die Löschdecken und sonstige Ausrüstungsgegenstände finden sich ebenso.

Die Abmeldung erfolgte im Jahr 2000 und dann wurde er in einem kleinen Schuppen auf dem Gelände der Brauerei untergestellt.

Nach Verkauf und Übernahme der Brauerei (jetzt: Koblenzer Brauerei an der Königsbach) wurde das Fahrzeug dann Ende 2011 wiederentdeckt und mit viel Liebe restauriert. Der Motor wurde in einer Fachwerkstatt überholt und instandgesetzt, neue Chrom- und Gummiteile als Ersatzteile besorgt und eine neue Lackierung war auch fällig.

Da die Verwendung als Löschwagen der Betriebsfeuerwehr im Wesentlichen auf das Betriebsgelände der Brauerei begrenzt war, ist der Kilometerstand von rund 20.000 km erklärlich.

Abbildungen oben und linke Seite: Dieser rote T2-Kastenwagen stammt aus der ersten T2-Generation, erkennbar vorne an der umlaufenden Frontstoßstange mit den seitlichen Trittbrettern und untenliegenden Blinkern. Die Heckform ist deutlich rundlicher (wie beim T1) und hat noch die kleineren Rückleuchten.

T2 Sonderfahrzeuge und Umbauten

Wie schon bei seinem Vorläufer geizte VW auch beim T2 nicht mit Sonderaufbauten und besonderen Fahrzeugen. Teil der Unternehmensstrategie war (und ist!) es, sich große Nischen auf dem Markt zu sichern – vom Feuerwehrfahrzeug über Krankenwagen bis hin zu Polizeifahrzeugen.

Ein Feuerwehrwagen, der auf dem Pritschenwagen basiert. Er bekam statt der Pritsche einen festen Aufbau, der seitlich zu öffnen ist. Im Innern befinden sich Pumpen und Schläuche.

1972 erprobte VW verschiedene Bullis mit alternativen Antrieben: Aus Ethanol, Methanol oder Rapsöl wird die Antriebsenergie gewonnen. Ebenso in der Erprobung: die Gasturbine. Besonders interessant war dieser Bulli mit Elektroantrieb. Seine Akkus waren in der Fahrzeugmitte platziert, konnten per seitlicher Schiebetechnik relativ einfach gewechselt werden. Dennoch war „Tanken" an der Steckdose vorgesehen – der Wechsel der 860 kg schweren Akkus war zumindest für einen potenziellen privaten Kunden zu kompliziert. Man kam mit einer vollen Akkuladung etwa 65 km weit und konnte mit maximal 70 km/h durch die Lande schleichen. Da dies alles nicht wirklich zum realen Gebrauch auf der Straße taugte, wurde eine T2-Taxi-Flotte in Berlin mit einem Hybrid-System ausgerüstet und getestet. Ergebnis: ebenfalls nicht zufriedenstellend.

Auch das Technische Hilfswerk nutzte den T2 als Einsatz-Transportwagen für Helfer, Maschinen und Material. Dieses Exemplar diente bis 2014 dem Nachwuchs im Ortsverband Dessau als Einsatzfahrzeug und wurde dann durch einen neuen T5 Multivan ersetzt. Der T2 Bulli wurde der historischen Sammlung des THW übergeben.

T2 Sonderfahrzeuge und Umbauten

Einer der insgesamt fünf Allrad-Prototypen von 1978 steht im VW-Nutzfahrzeugemuseum in Hessisch Oldendorf. Seine Besonderheiten: zuschaltbarer Frontantrieb und das Getriebe mit Drehmomentwandler, aber mechanischer Kupplung.

Neben dem zuschaltbaren Frontantrieb und dem Getriebe mit Drehmomentwandler gab es beim Allradprototyp auch neue Radhäuser für größere Räder und eine neue Radaufhängung. Diese sorgten für fast 30 Zentimeter Bodenfreiheit und 50 Zentimeter Wat-Tiefe. Zwei Handbremsen sind verbaut, um rechtes und linkes Hinterrad einzeln abbremsen zu können. Sperrdifferenziale an beiden Achsen: Der T2 besteht seine Geländetests herausragend. Dabei sind die Prototypen nicht einmal die ersten Allradfahrzeuge auf T2-Basis. Schon drei Jahre zuvor fuhr der seit 1970 amtierende Bereichsleiter der Transporter-Entwicklung, Gustav „Transporter-Mayer", mit einem Allrad-T2 zu Weihnachten durch die Sahara. Allerdings ohne Wissen des Vorstands. Der damalige VW-Chef Toni Schmücker hatte den Bau abgelehnt, Mayer hat ihn dennoch gebaut – inoffiziell, aus vorhandenen Teilen und von Hand.

Ein typischer mobiler Laden auf Basis eines T2-Hochdach-Kastenwagens mit Verkaufstheke. In diesem Fall mit Kühlung für das im Sommer immer heiß begehrte Waffeleis.

Abbildungen links, unten rechts und unten links: Das ist Deutschlands einziger „CAMEL-Bus". Sein Besitzer, Peter Grossklaus aus Ihringen im Breisgau, hat den T2-Kombi 1993 von einem amerikanischen Soldaten gekauft und nach seinen Vorstellungen umgebaut. Der Bulli, Baujahr 1978, mit seinen 70 PS hatte ursprünglich eine Westfalia Camper-Ausstattung, doch diese hat sein Besitzer nach seinen Bedürfnissen umgestaltet. Kühlschrank, Klimaanlage, Luftfilter, diverse Schränke und Küchengeräte nebst Küchentuch-Halterung hat er selbst eingebaut. Im Fahrerhaus finden sich Sprechfunk, Navi, Leselampe und weitere Utensilien, die ein Bulli-Fan auf Reisen so braucht. Peter und seinen CAMEL-Bus können Sie garantiert jedes Jahr an Pfingsten beim Bulli-Fest in Ihringen antreffen. Die beiden sind ein unzertrennliches Paar geworden.

T2 Sonderfahrzeuge und Umbauten

Umbauten sind fast immer die spannendsten Kapitel in einem Buch über ein Fahrzeug. Denn meist handelt es sich bei den gezeigten Modellen um Einzelstücke oder um Kleinserien, die sehr limitiert auf den Markt gekommen sind. Eben außergewöhnliche Schätze, bei denen man sich glücklich schätzen darf, wenn man das eine oder andere davon im realen Leben einmal zu Gesicht bekommt. Und sie nicht nur in einem Buch bewundern darf.

Dieser ganz besondere Umbau ist nicht etwa der Vorläufer für ein T2-Cabriolet, obwohl auch dieses bei den Bulli-Fans sicher gut angekommen wäre. Nein, dieses Fahrzeug war für einen guten Zweck bestimmt. In der Fernsehlotterie „Ein Platz an der Sonne" wurden mit ihm dem Motto entsprechend die Gäste auf die Bühne gefahren.

Abbildungen rechts, Mitte links und unten: Hier ein T2-Bus der Koblenzer Polizei aus dem Baujahr 1970. Der Bus wurde bei der Bezirksregierung Koblenz, Kriminalpolizei Fahndungsgruppe, als Observationsfahrzeug eingesetzt und war ausgestattet mit Videokamera, Sprechfunkanlage und Standheizung. Der Bulli hat einen Ottomotor mit 47 PS und 1570 ccm Hubraum, der eine Höchstgeschwindigkeit von 105 km/h ermöglichte. Für heutige Verhältnisse geradezu lächerlich für ein Polizeifahrzeug. Der Bulli war bis 2004 im Polizeidienst und brachte es zwischen 1970 und 2004 auf eine Laufleistung von insgesamt rund 50.000 km in 34 Jahren, was einer Jahresleistung von 1470 Kilometern entspricht. Man bedenke, dass Observieren ja meist etwas mit Warten und Beobachten zu tun hat.

Seit Oktober 2004 wird das Oldtimer-Fahrzeug für die Öffentlichkeitsarbeit eingesetzt und hatte im September 2014 eine Gesamtlaufleistung von 56.000 Kilometern. Dass dieses Fahrzeug in seinem 44. Lebensjahr noch sehr gut dasteht, ist neben der guten Pflege auch der sparsamen Beanspruchung geschuldet. Auf jeden Fall ist der Polizei-Bulli noch immer ein Hingucker. Das Blaulicht und das Martinshorn funktionieren ebenfalls noch einwandfrei.

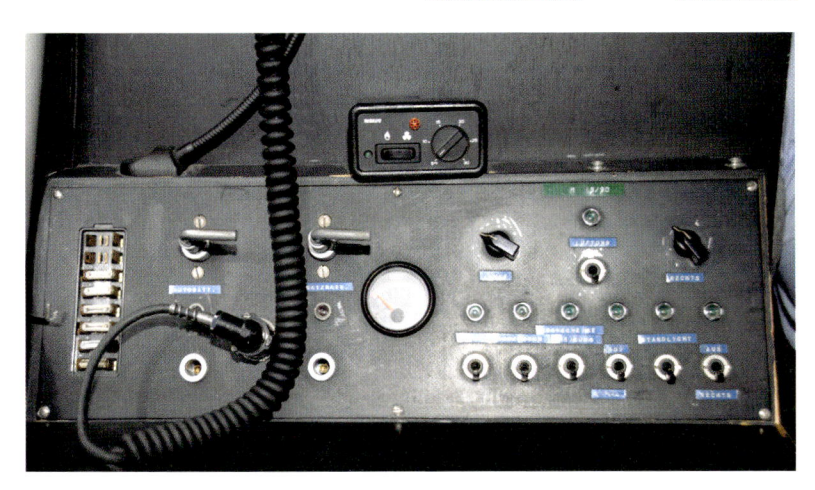

Im Bestattungswesen wurde der T2 zwar genutzt, war aber nicht sonderlich beliebt. Durch die Bauhöhe des Motors im Heck musste der Sarg recht hoch eingeladen werden, was sich als unpraktisch erwies.

T2 Sonderfahrzeuge und Umbauten

Abbildungen oben und rechte Seite unten: Wissen Sie, was eine Bulli-Bar ist? Nein, weit gefehlt, das ist kein Kosename für eine Tankstelle. Obwohl . . . vielleicht ja auch doch. Auch wenn nicht der Bulli tankt, sondern der Tourist.

In Bangkoks Vergnügungsmeilen halten diese Bullis, wo immer gerade Platz zu finden ist und wo Touristen zu erfreuen sind. Hier werden Longdrinks und Cocktails ausgeschenkt. Die Bullis sind grell und bunt bemalt, oft mit lautstarken Musikanlagen bestückt, und tun auch ansonsten alles, um die Aufmerksamkeit der zahlungskräftigen Kundschaft auf sich zu lenken.

Wohl dem, der an einer Bulli-Bar einkehrt. Denn er kann bei der Rückkehr ins Hotel ohne ein falsches Wort von sich zu geben sagen: Ich war nur schnell an der Tankstelle.

Abbildung rechts: Was man hier zu sehen bekommt, ist nicht etwa das schnöde Abschleppen eines Freundes, der zufällig das gleiche Auto fährt. Doch allzu weit hergeholt ist es auch nicht. Während der vordere Bulli recht nah am Original ist, so fehlt dem hinteren doch einiges. Zum Beispiel ein eigener Motor. Doch ein Wohnwagen hat einen solchen ja auch nicht unbedingt nötig. Hier hat ein echter Bulli-Fan seinem Anhänger ebenfalls die Bulli-Form gegeben. Was für ein Team!

Der Bulli T3 – 1979 bis 1992
Altbewährtes und viel Neues

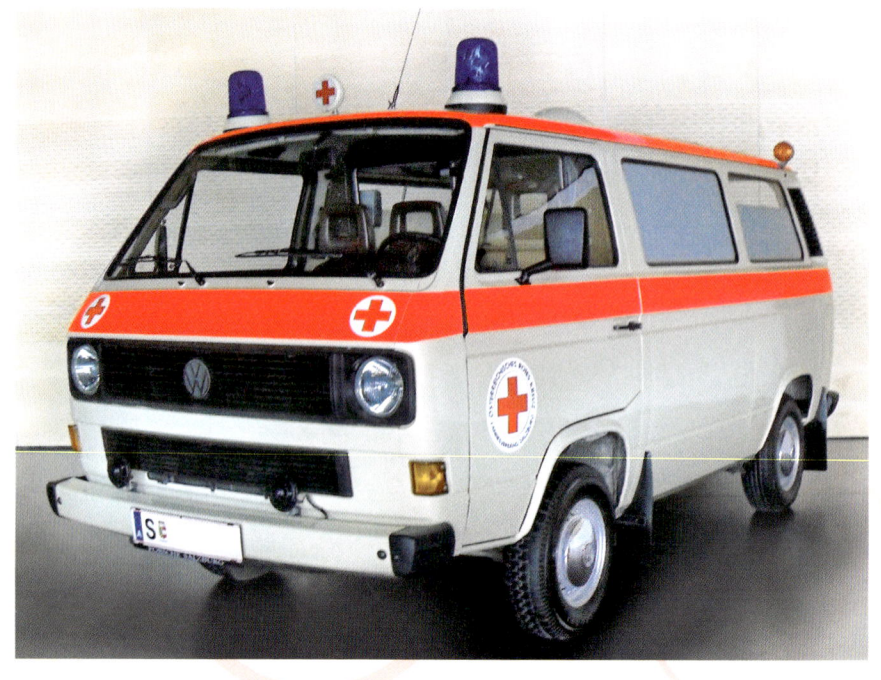

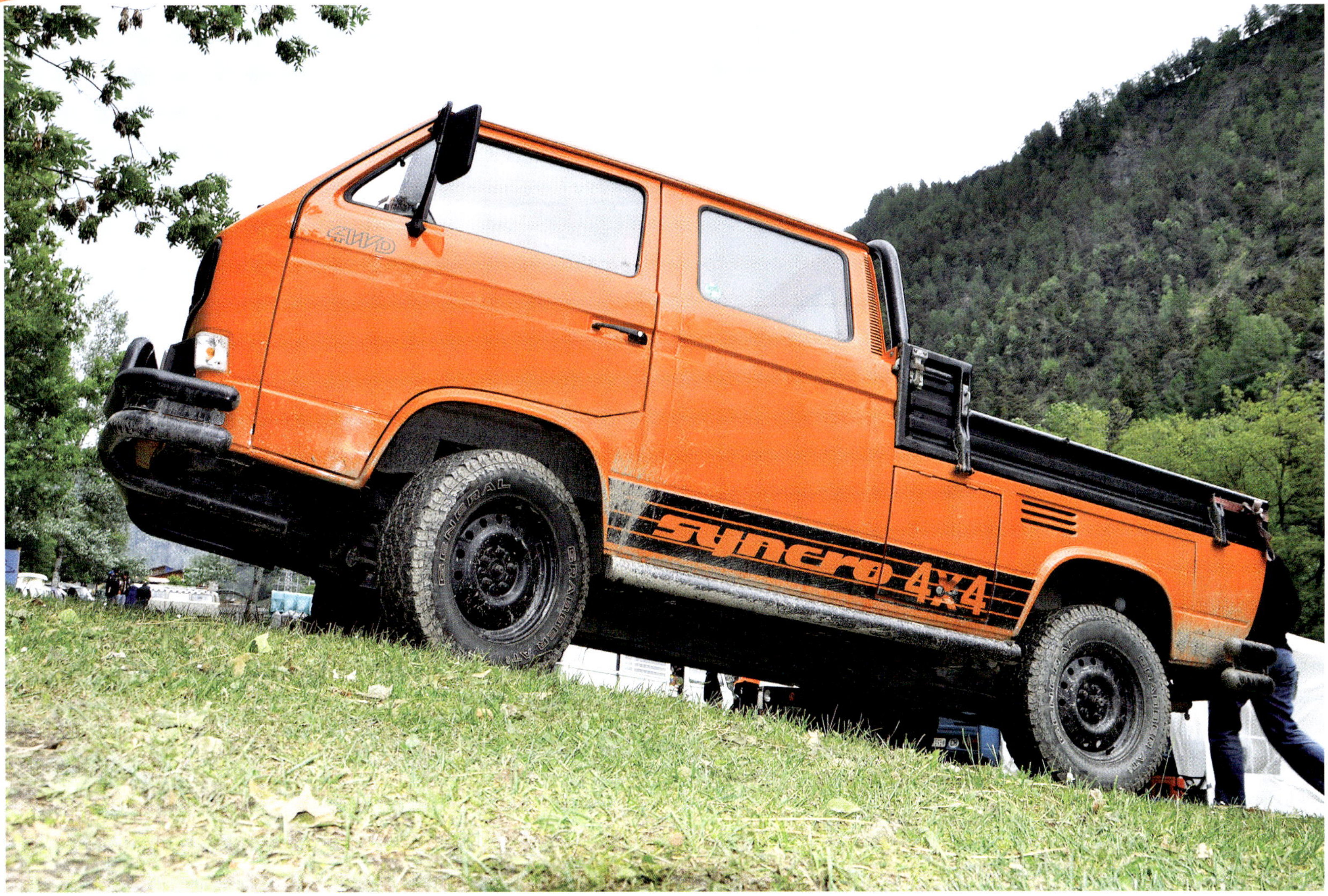
4WD
syncro 4x4

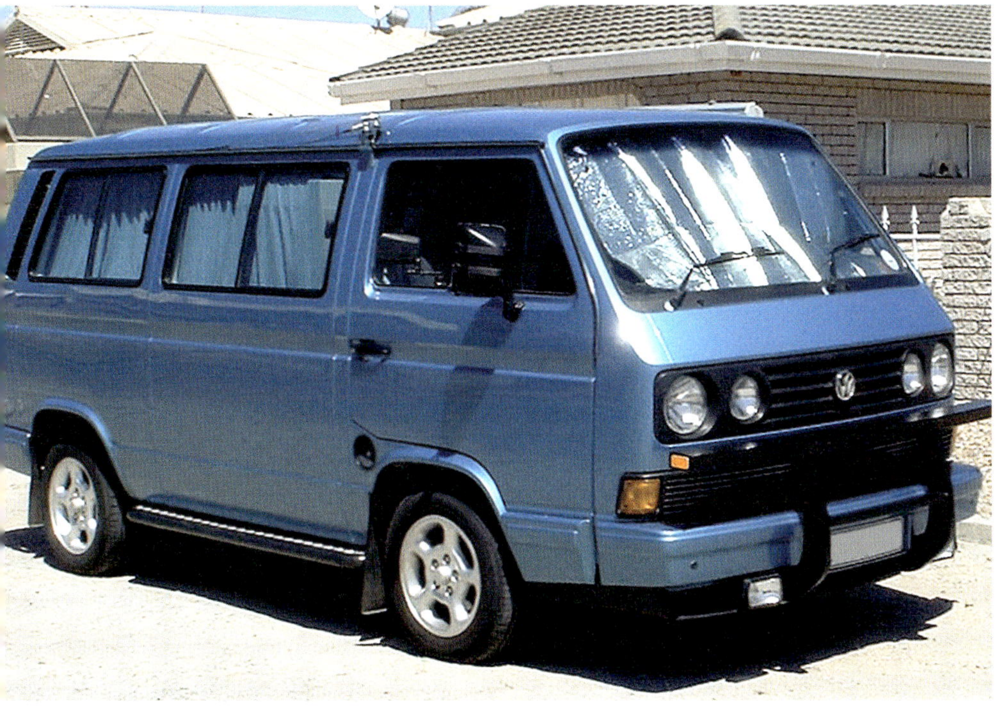

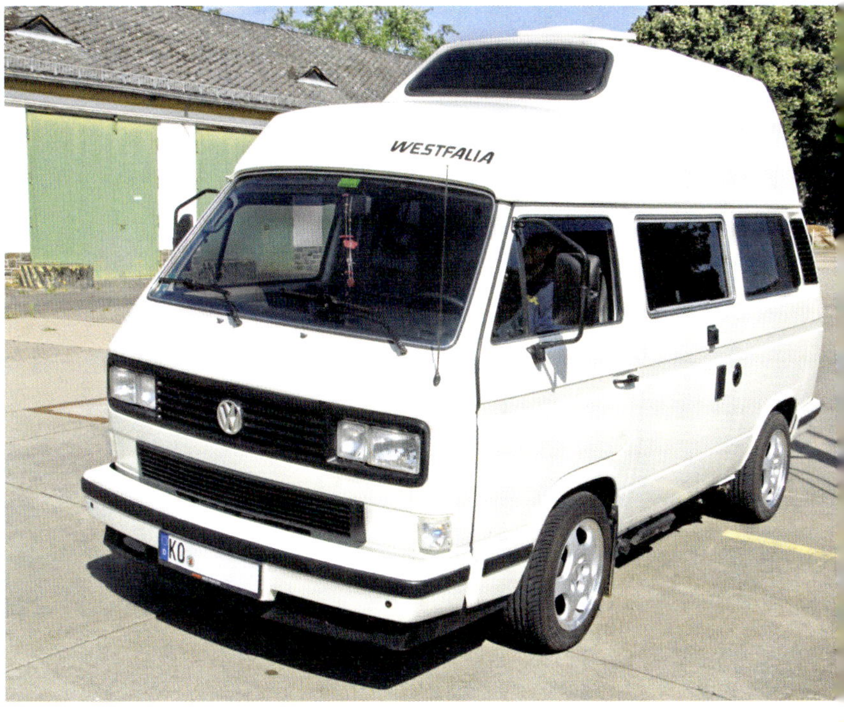
WESTFALIA

Der Bulli T3 – 1979 bis 1992

Nachdem VW in den 1970er-Jahren das komplette Pkw-Programm erneuert hatte, erwarteten weite Teile der Fachleute und der Kunden auch vom neuen Bulli einen wassergekühlten Frontmotor mit Vorderradantrieb. Weit gefehlt: Da es VW damals an einem leistungsstarken Motor als Nachfolger des 2,0-Liter-Boxeraggregats fehlte (der größte wassergekühlte Motor war ein 1,6-Liter-Reihenmotor) und die Entwicklung eines größeren Motors im Krisenjahr 1975 (als die Entscheidung für den T3 fiel) schlicht zu teuer war, überraschte man die Öffentlichkeit mit dem bewährten Aufbau. Also „Alles beim Alten" im Neuen? Keineswegs!

Familientreffen bei den Bullis. Von links nach rechts: T3, T2, T1.

Blick in den Motorraum.

Zwar bleibt man beim Frontlenker-Konzept mit Heckmotor und behält – jedenfalls zu Beginn der Produktion 1979 – die aus der T2-Reihe bekannten luftgekühlten Flachmotoren mit 1,6 l und 50 PS respektive 2,0 l Hubraum und 70 PS bei, aber das war es im Grunde auch schon.

Die Modellgeneration T3 ist der erste Bulli, der überhaupt nicht mehr auf dem Käfer basiert. Sein Radstand ist im Vergleich zum T2 der letzten Baureihe um 6 cm gewachsen und er ist viel breiter als sein Vorgänger: 184,5 cm weit reckt der Neue seine Schultern – 12,5 cm mehr als bisher. Die Ladekante profitiert von einem tiefer liegenden Wagenboden – 10 cm weniger hoch muss eine Last nun gehoben werden, eine Wohltat für so manchen lädierten Rücken.

Der T3 ist somit bedeutend größer als jeder bisherige VW Bulli, Fahrerkabine und Laderaum bieten deutlich mehr Platz. Er ist nochmals lichter als der T2, der schon mit seinen großen Fensterflächen zu beeindrucken wusste: Knapp ein Viertel mehr Glas unterstützen im T3 die Rundumsicht.

Der Bulli T3 – 1979 bis 1992

„Bulli-Aufschnitt" – ein teilweise aufgeschnittener T3 im VW-Nutzfahrzeuge-Museum gewährt ungewöhnliche Einblicke ins Innerste.

Er ist kantiger, er ist eckiger, er spricht die Formsprache der frühen 80er. Türgriffe und Schiebetürführung sind in einer breiten Sicke eingelassen, der schwarze Kunststoffkühler mit eingelassenen Scheinwerfern zeigt deutlich die Familienzugehörigkeit zu den übrigen VW-Modellen.

Die neue Zahnstangenlenkung der ZF, der Zahnradfabrik Friedrichshafen AG, ist direkt und spielfrei und ermöglicht in Verbindung mit der völlig neu konstruierten Vorderachse – Einzelradaufhängung an Dreiecksquerlenkern und Schraubenfedern mit innenliegenden Dämpfern – einen größeren Radeinschlag: Der Wendekreis verringert sich von 12,5 m auf 10,5 m. Schon jetzt ist klar, dass ein Allrad kommen wird, denn die Bodenstruktur ist von Produktionsbeginn für ein Vorderachs-Differenzial ausgelegt. Weiteres Indiz: Der Tank liegt hinter der Vorderachse, der Schwerpunkt liegt somit in der Mitte des Bullis. Mit dem T3 endet das Kapitel Hecklastigkeit.

Die Motoren für den Export in den Sonnenstaat Kalifornien bekommen einen geregelten Katalysator (denn dort sind die Abgasvorschriften am strengsten), für den Rest der Staaten genügt der ungeregelte.

Die Modellpalette gleicht der des T2: Kastenwagen und Kombi, Pritsche und Doppelkabine sowie eine Busvariante sind verfügbar. Der Pritschenwagen ist der Billigste, er kostet zur Einführung 15.290 Mark, der Bus ist mit 18.130 Mark deutlich teurer. VW ergänzt das Programm – wie üblich – durch eine Vielzahl von Sonderaufbauten, unter denen vor allem der „Joker" von Westfalia erwähnenswert ist. Er legt qualitativ und ausstattungstechnisch neue Maßstäbe an für kleine, kompakte Wohnmobile.

Am 9. April 1980 läuft der fünfmillionste Bulli vom Band.

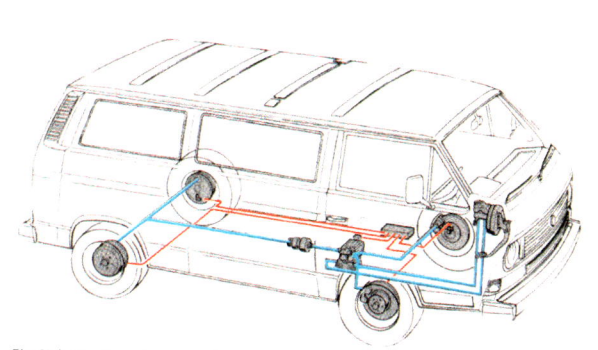

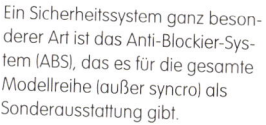

Ein Sicherheitssystem ganz besonderer Art ist das Anti-Blockier-System (ABS), das es für die gesamte Modellreihe (außer syncro) als Sonderausstattung gibt.

Es verhindert beim Bremsen ein Blockieren der Räder, das Fahrzeug bleibt lenkbar, und die Bremswege werden im Regelfall kürzer.

Ein weiteres Beispiel für den technischen Vorsprung der Transporter- und Bus-Modelle ist die vorbildliche Doppelquerlenker-Vorderachse mit spurstabilisierendem Lenkrollradius. Sie verhindert weitgehend ein Ausbrechen beim Bremsen oder bei einseitigem Fahren auf losem Grund.

Die Volkswagen Transporter und Busse haben eine Schräglenker-Hinterachse. Diese Konzeption findet man übrigens auch in hochwertigen Sportwagen und Pkw. Bestückt mit kräftigen Miniblockfedern ist sie ein wichtiges Element des Fahrwerks und trägt damit wesentlich zum vorbildlichen Fahrverhalten bei. Wie gesagt: Ausgreifte Technik ist die Basis für Sicherheit, Zuverlässigkeit und Wirtschaftlichkeit.

Eine Seite aus dem Verkaufsprospekt erläutert die Vorteile des Antiblockiersystems ABS und der Doppelquerlenkerachse.

Der Bulli T3 – 1979 bis 1992

Ein T3-California mit festem Gfk-Stufenhochdach. Rund zwei Tonnen wiegt das Reisemobil. Es wurde von 1988 bis 1990 gebaut.

1981 steht eine kleine Revolution ins Haus: Der erste Diesel hält Einzug in den Motorraum im Heck, wassergekühlt, mit 50 PS Leistung. Es ist der 1,6-Liter-Motor, der auch in Golf und Passat zum Einsatz kommt, ein wenig modifiziert und schräg eingebaut. Es war an der Zeit – während sich der 50 PS-Benziner mit rund 15 l auf 100 km üppig aus dem Tank bediente, ist der Diesel deutlich weniger durstig, er kommt mit runden 10 l aus. Kein Wunder also, dass der Diesel häufig geordert wird – jeder zweite Käufer hätte gerne die T3-Sparversion. Äußeres Merkmal ist ein zweites Kühlergitter an der Front. Auch einen in zweifarbiger Lackierung anfahrenden Edel-Bus nimmt VW wieder ins Programm. Er hört auf den Namen Caravelle und ist der Tradition folgend luxuriös ausgestattet.

Innenraum eines Volkswagen T3 California mit Blick auf den Küchentrakt der Westfalia Camperausstattung mit Kochstelle, Spülbecken, Kühlschrank und Klapptisch.

Jeder Caravelle war ein zweifarbig lackierter Luxusbus, aber die Zweifarbigkeit allein machte noch keinen Caravelle. Dies hier ist jedenfalls keiner.

1982 wird aus der kleinen dann die große Revolution: Der luftgekühlte Boxermotor hat endgültig ausgedient und wird durch eine wassergekühlte Variante ersetzt. Je nach Auslegung leistet der 1,9-Liter-„Wasserboxer" 60 bzw. 78 PS, im Folgejahr mit einer Einspritzanlage versehen sogar 90 PS.

Die neuen Motoren sind aber nicht nur stärker, sie laufen auch ruhiger und leiser, haben mehr Drehmoment und sind deutlich sparsamer. Auch sie haben – der Wasserkühlung wegen – wie der Diesel ein zweites Kühlergitter.

Zur 50. IAA in Frankfurt 1983 vereinfacht VW die Namen. Alle lastentragenden Modelle einschließlich der Kombi-Versionen heißen ab sofort Transporter, alle personenbefördernden Fahrzeuge Caravelle.

1983 kommt auch noch ein neuer Luxus-Bus: Der Caravelle Carat hat zwar nur sechs Sitze, dafür ist er tiefer gelegt und mit Frontspoiler und Breitreifen auf Leichtmetallfelgen ein echter Hingucker. Auch innen: Einzelsitze, Leselampen und ein einziehbarer Konferenztisch machen den Carat zum mobilen Büro.

Der Bulli T3 – 1979 bis 1992

Die Motoren werden wieder überarbeitet – auf 112 PS schafft es das Spitzenmodell. Der erste Turbodiesel hält mit einer Leistung von 70 PS Einzug im Bulli und wird zum Verkaufsschlager.

Im Februar erfreut dann der Syncro die Herzen der Bulli-Fans: Permanenter Allradantrieb mit Viscokupplung steht in mehreren Ausführungen zur Verfügung. Vom komfortablen Straßenfahrzeug mit guten Geländeeigenschaften bis zu einer Variante für extreme Einsätze (erkennbar an den großen 16-Zoll-Rädern) ist alles erhältlich.

Der Multivan erblickt das Licht der Welt als Studie 1985, bevor er ein Jahr später in Serie geht: Ein Einstiegs-Freizeitmobil mit zur Liegefläche umklappbaren Sitzen, Kühlbox und einem Tisch. Er kann weiter urlaubsgerecht modifiziert werden, auf Wunsch gibt es sogar ein Aufstelldach. Obwohl er von Westfalia ausgebaut wird, wird er über das VW-Netz vertrieben und mit Werksgarantie versehen und gilt daher als „reiner" VW.

Der geliebte Bulli T3 – ein Fahrzeug, auf das seine Besitzer mit Recht stolz sind.
Im Bild: Heike und Thomas Küsel. Die beiden VW-Fans aus Schneverdingen gehören zu den „Bulli-Freunden No Limits" und veranstalten regelmäßig Bulli-Treffen.

Anfang 1986 produziert man den sechsmillionsten Typ 2. In den darauffolgenden Jahren werden einige Sondermodelle angeboten, VW verstärkt den kleinen Dieselmotor und es gibt einige Änderungen bei technischen Details.

Zwar geht der T4 schon 1990 in Produktion, die Nachfrage nach dem T3 wird aber noch bis 1992 mit der „limited last edition" und dem Syncro befriedigt. Sie werden allerdings nicht mehr in Hannover, sondern in Österreich bei Steyr-Daimler-Puch gebaut.

Der Multivan ist als Freizeitmobil konzipiert. Zur Liege umklappbare Sitze, Klapptisch und Kühlbox gehören immer dazu. Die im Bild gezeigte Sonderedition „Magnum" wurde von 1987 bis 1989 in limitierter Stückzahl gebaut. Er kostete mindestens 33.500 Mark.

Ein Syncro als Doppelkabiner mit Spezialaufbau auf der Pritsche, der einen Stromgenerator und ein Kühlaggregat verbirgt. Das Fahrzeug wird eingesetzt beim Festzug der „Bernemer Kerb" (historischer Festzug in Frankfurt am Main im Stadtteil Bornheim seit über 400 Jahren). Der T3 Syncro ist gleichzeitig auch die Zugmaschine für einen der großen Festwagen.

T3 Caravelle

Von Caravelle beim T3 zu sprechen ist mehrdeutig; wieder einmal spielt uns VW einen Streich, was die Namensgebung betrifft. Denn 1982 steht „Caravelle" für ein einzelnes, besonders luxuriös ausgestattetes Modell des Busses, quasi ein Nachfolger des beliebten T1-Sondermodells „Samba". Als „ein Bus der Extra-Klasse" tituliert ihn der Prospekt. Kurz darauf allerdings, im September 1983, stellt Volkswagen seine Namensgebung komplett um, und nun ist ganz plötzlich jeder Personentransporter ein Caravelle.

Das Topmodell unter den Caravelles war der Carat. Man erkennt die nach hinten gewandten Sitze hinter Fahrer und Beifahrer, sie gruppieren sich um einen kleinen Tisch. Auch außen wirkt der Carat optisch gefällg – Kunststück, wurde hierauf doch besonders viel Wert gelegt.

Die Unterschiede in der Ausstattung werden nur noch durch Buchstabenkürzel gekennzeichnet: C, CL oder GL. Gleichzeitig gibt es aber auch das neue Topmodell, den Caravelle Carat (ohne angehängte Buchstaben). Mit eckigen Doppelhalogen-Scheinwerfern, Frontschürze und vielen optischen Leckerbissen mehr ist der Carat ein weiterer Enkel des T1-„Samba". Aber einer, der es verdient hat, mit dem Urahn der Luxusbusse in einem Satz genannt zu werden. Und wieder einmal ist es kaum möglich, den Bus – den Caravelle – vom Kombi äußerlich zu unterscheiden.

Ein klassischer Caravelle.

Der „Coach" war das erste limitierte T3-Editionsmodell des Caravelle. Er war für einen vergleichsweise günstigen Preis gut ausgestattet – was im Grunde das Erfolgsrezept für jede der verschiedenen Editionen war. Das Exemplar im Bild hat wohl auch schon bessere Tage gesehen. Leider wurde dem schönen Bus wenig Pflege zu teil, sodass er in Dreck und Speck vor sich hin rostet. Schade.

T3 Multivan

Der Multivan erscheint 1985, pünktlich zur IAA in Frankfurt. Er stellt sich als Studie vor, bekommt aber so viel Beifall, dass VW ihn bereits im nächsten Jahr in Serie gehen lässt. Es entspricht dem Trend der Zeit, dass gerade Familien den VW Typ 2 als vollwertigen Pkw-Ersatz nutzen – kein Wunder, schließlich hat er bis auf die Höhe Pkw-Maße und fährt sich auch wie einer, ist zugleich aber wesentlich praktischer.

Mit dem Multivan schließlich kommt VW diesem Trend nach und erweitert ihn ein Stück weit. „Ein Auto [...], mit dem Sie mehr unternehmen können", verspricht der Prospekt und zählt gleich weiter auf: Sport- und Hobbygeräte transportieren, im Auto ausruhen und schlafen, kostengünstig zur Arbeit und ins Geschäft fahren. Das Ganze mit bis zu sechs Personen und reichhaltiger Ausstattung wie Kühlbox und Klapptisch, wahlweise sogar aufgerüstet mit Aufstelldach oder anderen Feinheiten vom Camping-Spezialisten Westfalia.

Abbildung oben und linke Seite: Ein Multivan aus der limited last edition. Er wurde entweder in Tornadorot oder Orlyblau lackiert und nur 2500-mal gebaut – einige Tausend Interessenten gingen leer aus. Er wurde bis 1992 bei Steyr gefertigt – lange, nachdem der T4 schon auf dem Markt war (welcher 1990 kam).

Das Armaturenbrett des T3 wurde völlig neu entworfen. Die Zugehörigkeit zum VW-Konzern ist unverkennbar, die Instrumente sind aufgebaut wie im Golf oder Passat. Lediglich das große Lenkrad vermittelt Nutzfahrzeug-Charakter, alles andere sagt: Ich bin ein Pkw. Nur das Navigationsgerät (oben links) und die Digitaluhr mit Temperaturanzeige (Mitte rechts) wurden vom Besitzer nachträglich ergänzt. Das fast 30 Jahre alte Gefährt von Hubert Brüne aus Marsberg im Sauerland sieht noch sehr gepflegt aus.

T3 Reisemobil

Die wichtigste Entwicklung beim T3-Reisemobil ist der „Joker" von Westfalia. Obwohl er dem einen oder anderen Camper-Kunden irgendwie bekannt vorgekommen sein müsste. Denn sein Konzept beruhte auf dem vor allem in den USA erfolgreichen T2-Reisemobil „Berlin". Weiterentwickelt, den Beifahrersitz in den Wohnraum integrierend und in vielen Details modifiziert, setzte der Joker neue Maßstäbe in Sachen Reisemobil.

Zwar gibt es verschiedene Joker-Varianten, aber sie unterscheiden sich vor allem im Innenausbau. Von außen sind – jedenfalls zu Beginn der Fertigung – im Grunde nur zwei Varianten unterscheidbar: Die eine mit aufklappbarem Hochdach entgegen der Fahrtrichtung, welches Schlafplätze für zwei Erwachsene bietet, und die zweite mit dem Stufen-Hochdach. Einziger Wermutstropfen beim Joker: Sein Erwerb hinterlässt ein deutliches spürbares Loch in der Familienkasse. Westfalia reagiert 1983. Der einfacher ausgerüstete, dafür deutlich günstigere „Sport Joker" kommt auf den Markt. Er basiert auf dem Kombi, hat das normale Typ 2-Blechdach und nur eine Basis-Wohnmobil-Ausrüstung. Küche und Kühlschrank beispielsweise sucht man vergebens. Er kann aber weiterhin aufgerüstet werden bis hin zum Stufen-Hochdach. Das kleine Hubdach, das noch aus dem T2-Campingmobil bekannt war, wurde ersatzlos gestrichen.

Abbildung linke Seite: VW-Westfalia-Joker mit Stufen-Hochdach. Seine Inneneinrichtung war mit der seines Verwandten mit Aufstelldach identisch. Später kamen alternative Inneneinrichtungen. Das Fahrzeug bot ausreichend Platz für vier Reisende.

Abbildung rechts und Mitte: Das ist die sogenannte „Wanderdüne", die beigefarbene Camperausführung der Firma REIMO mit seinem Besitzer Hubert Brüne aus Marsfeld im Sauerland. Ich traf den siebzigjährigen Bulli-Freak auf der Fahrt zur Mosel auf einem Parkplatz an der Bundesstraße 49. Er zeigte mir bereitwillig sein Fahrzeug und ließ mich auch die Camperausstattung im Innenraum fotografieren.

Abbildung rechts unten: Westfalia-Joker mit gegen die Fahrtrichtung geöffnetem Aufstelldach. Das integrierte aufklappbare Hochbett bietet Platz für zwei Erwachsene und Stehhöhe, sofern das Bett gerade nicht gebraucht wird.

117

T3 Reisemobil

Ein Aufstelldach wird ausgefahren. Kein Problem mit reiner Muskelkraft. Und danach hat der T3 Stehhöhe und wird zum gemütlichen Wohnzimmer.

Ein T3 Gipsy von Karmann. Ursprung des Gipsy ist nicht etwa ein Pritschen-, sondern ein Kastenwagen, bei dem die Seitenwände ab der B-Säule und ein Teil des Daches nicht montiert waren. Die Wände des Aufbaus bestehen aus Holz, der außen mit Alublechen verkleidet und innen mit Styropor isoliert wurde, was den Gipsy zwar stabil, aber anfällig macht für Schimmel, wenn die Außenhaut nach Jahren des Reisens nicht mehr ganz dicht ist.

Abbildungen rechts, Mitte und unten: „Vanagon" wird das Westfalia Reisemobil für den US-Markt genannt. Auf den ersten Blick ist es recht unspektakulär, es hat aber ein sehr überzeugendes Inneres. Aus den beiden Zeichnungen unten kann man ersehen, wie funktional der T3 Vanagon ist. Fahrer- und Beifahrersitz sind jeweils um 90 Grad nach innen drehbar, sodass man bequem an einem Klapptisch Platz nehmen kann. Ein weiterer Klapptisch bei der hinteren Sitzbank, eine Küchenzeile mit Kochplatz, Spüle, Kühlschrank und Materialboxen und ein Faltdach mit zwei Schlafplätzen runden das Angebot ab. Die hintere Sitzbank wurde nachts zum Schlafplatz für weitere zwei bis drei Personen umfunktioniert.

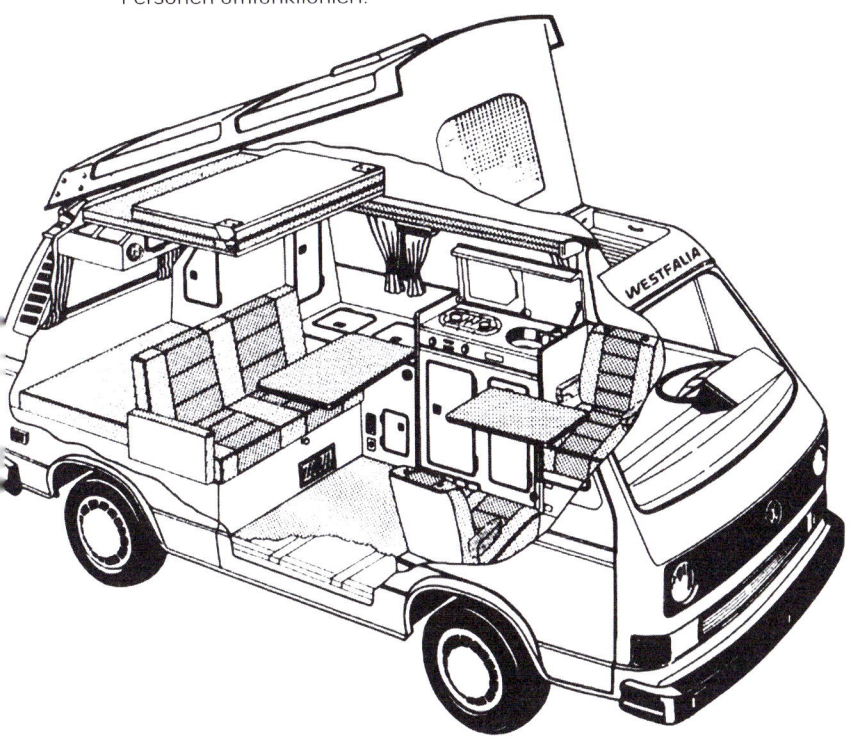

Abbildung unten: Der Volkswagen California wurde zum Caravansalon 1988 vorgestellt und ist im Grunde ein leicht abgespeckter „Joker", für den aber Volkswagen allein verantwortlich zeichnet. Der Californa sollte nach einigen Problemen im US-Markt dort seine Position sichern und den Absatz verbessern.

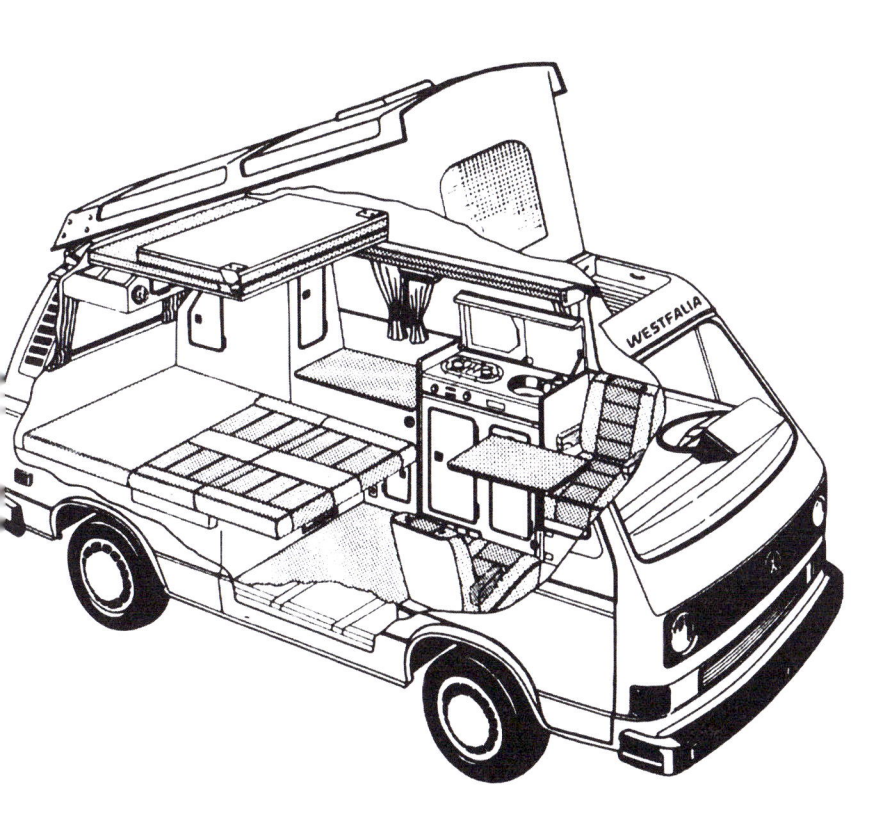

T3 Transporter Doppelkabine

Die Doppelkabine war im Grunde immer noch das selbe Arbeitstier wie zu Beginn ihrer Karriere beim T1. Sie wurde größer, sie bekam einen Tresor ähnlich dem des reinen Pritschenwagens. Doch die VW-Strategen dachten weiter und entwickelten 1986 eine Studie mit Namen „Magma", später kamen der „Jagdwagen" und der „TriStar", die letzteren beiden in Serie. Sie sind nach dem Vorbild amerikanischer Pick-Ups aufgebaut: Martialisches Auftreten und luxuriöses Innenleben waren die Markenzeichen.

Die gute alte Doppelkabine als Dreitürer in Baustellen-Orange. Ein echtes Arbeitstier für alle Bauunternehmer, Handwerker und kommunale Betriebsstätten.

Die Doppelpritsche als Allrounder – klassisches Zugpferd für den Campingwagen, Freizeitmobil mit dem Motorrad auf der Pritsche, Pkw-ähnlich sowohl im Fahrverhalten als auch im Komfort. Last, but not least sieht diese Doppelkabine auch noch richtig gut aus, mit Alufelgen, Frontspoiler und verchromten Beiwerk.

Dieser T3-Doppelkabiner-TriStar wurde anlässlich der Pressevorstellung dieses Sondermodells nahezu vollständig ausgestattet. Der vesuvgrau-metallic lackierte Wagen mit einem überdimensionierten Rammschutz, mit Pritschen-Überrollbügel und einer Frontseilwinde traf die Vorstellungen vieler VW-Fans seiner Zeit. Sein 2,1 Liter-Boxermotor leistet 112 PS.
Das Fahrzeug war für den Einsatz in der Land- und Forstwirtschaft konzipiert, wurde aber aufgrund seiner Optik und Vielseitigkeit gern auch als Freizeitfahrzeug und zum Transport von Motor- und Fahrrädern bei Rennveranstaltungen eingesetzt und ist heute ein begehrtes Old- bzw. Youngtimer-Modell.

T3 Transporter Pritsche und Kasten

Auch beim T3 finden wir wieder Fahrzeuge, die Material-Lasten tragen – ganz offiziell heißen sie dann ab 1983 auch „Transporter" im Gegensatz zu den Caravelle getauften Personentransportern. Die Pritschen- und Kastenwagen sind dann die preisgünstigsten T3, die für Kleinunternehmer, Land- und Forstwirtschaft verfügbar sind. Gute 15.000 Mark kosten sie zu Produktionsbeginn 1979. Rund 26.000 Mark werden es 1990 sein. Besonders beliebt bei den Kunden sind der 50 PS-Diesel (57 PS ab 1987) und der Turbodiesel mit 70 PS.

Pritschenwagen mit Plane

T3-Kastenwagen mit Wasserkühlung. Dieses ist erkennbar am zweiten Lüftungsgitter.

Ein Pritschenwagen Syncro mit Rammschutz und großen 16-Zoll-Rädern für den Einsatz auch in schwierigstem Gelände.

T3 Syncro

Im Jahr 1985 ist es dann endlich so weit: Zehn Jahre nach der ersten Typ 2-Allrad-Fahrt durch die Sahara darf der Bulli endlich wieder in Schlamm und Dreck wühlen. Der Syncro wird geboren.

Ursprünglich war ein zuschaltbarer Frontantrieb geplant, doch in der Zusammenarbeit mit den Wildnis-Spezialisten von Steyr-Daimler-Puch in Österreich setzt sich dann der permanente Allradantrieb durch.

Ob durch Dünen und Sand oder durch den Schnee: für den Syncro kein Problem und unschlagbar viel Spaß für den Fahrer.

Kernstück der gesamten Technik ist die sogenannte Visco-Kupplung. Sie funktioniert auf dem Prinzip, dass eine Flüssigkeit (ein dickflüssiges Silikonöl) in einem Behälter in Rotation versetzt wird und bei Bedarf diese Energie mittels Übertragung auf Lamellen weitergibt. Stellen Sie sich vor, Sie haben ein hohes Glas gefüllt und rühren nur im oberen Drittel. Die Flüssigkeit bewegt sich dann auch am Glasboden – nur nicht ganz so schnell wie oben. Würden Sie nun in den unteren Teil des Glases ein kleines Rad (oder eben eine Lamelle) legen und diese mit einer Stange durch den Glasboden versehen, würde – nun, zuerst einmal das Glas auslaufen. Aber wenn alles dicht wäre, würden sich Rad und Stange durch Ihr Rühren mitbewegen. Und diese Stange würde dann die Fronträder antreiben. Und je schneller Sie rühren (also wenn beispielsweise die Hinterräder durchdrehen), umso mehr Kraft wird auf die Stange (die Vorderräder) übertragen. Und so funktioniert im Grunde die Visco-Kupplung.

T3 Doppelkabine Syncro auf großen Rädern mit Allradantrieb. Dieses kraftvolle Fahrzeug schafft sogar Steigungen von über 50 Prozent und ist fast jedem Gelände gewachsen. Besonders in alpinen Gebieten ist das Fahrzeug sehr hilfreich und beliebt.

Ein Multivan Syncro mit kleinem, nachgerüsteten Hubdach von Reimo.

Auch ein Reisemobil darf gerne auf allen vier Rädern angetrieben werden. Ob im Schlamm, im Sand oder auf verschneiten Straßen – mit einem Syncro kommt der Abenteurer gut vom Fleck und überall an.

T3 Sonderfahrzeuge und Umbauten

Auch der T3 war beliebt abseits der üblichen Serie. Porsche zum Beispiel nutzte den Bulli seit langem als Service-Fahrzeug bei Testfahrten, doch war es den Entwicklern ein Dorn im Auge, dass man mit dem flotten 911er immer wieder recht lange auf den deutlich gemütlicheren Typ 2 warten musste. Die Lösung war praktisch und ist auch heute noch ein Renner. Im wahrsten Sinn des Wortes, denn die Entwickler bauten einen Sechszylinder aus dem 911er ein mit einer Leistung von 231 PS. Das Modell war so beliebt, dass schließlich ein Exemplar beim Vorstand landete, der den Carrera-Bus als Dienstwagen nutzte, natürlich mit edler Carat-Ausstattung.

Auf der Techno Classica 2012 in Essen konnte man diesen B32 Porsche Carrera auf Basis des VW T3 bewundern. Der Klassiker brachte es auf eine Höchstgeschwindigkeit von jenseits der 200 km/h und beschleunigte in rund 9 Sekunden von 0 auf 100 – je nach Modell, denn es wurden inklusive der Prototypen nur rund 15 Stück gebaut, und gerade die Prototypen unterschieden sich doch noch deutlich voneinander, was Leistung und alles Übrige betraf. Obwohl der B32 kein „echter" VW, sondern eigentlich ein Porsche ist, gilt er 1985 als die inoffizielle Krönung des Bulli.

Etwa 15 Stück, inklusive der Prototypen, wurden insgesamt gebaut, in Großserie ging das Fahrzeug leider nicht – wohl wegen des Preises. Ab 80.000 Mark im Rohzustand, bis knapp 150.000 Mark in Vollausstattung wären für den Bulli mit Renngenen fällig gewesen (zum Vergleich: Den 911er mit dem gleichen Motor gab es schon für unter 70.000 Mark).

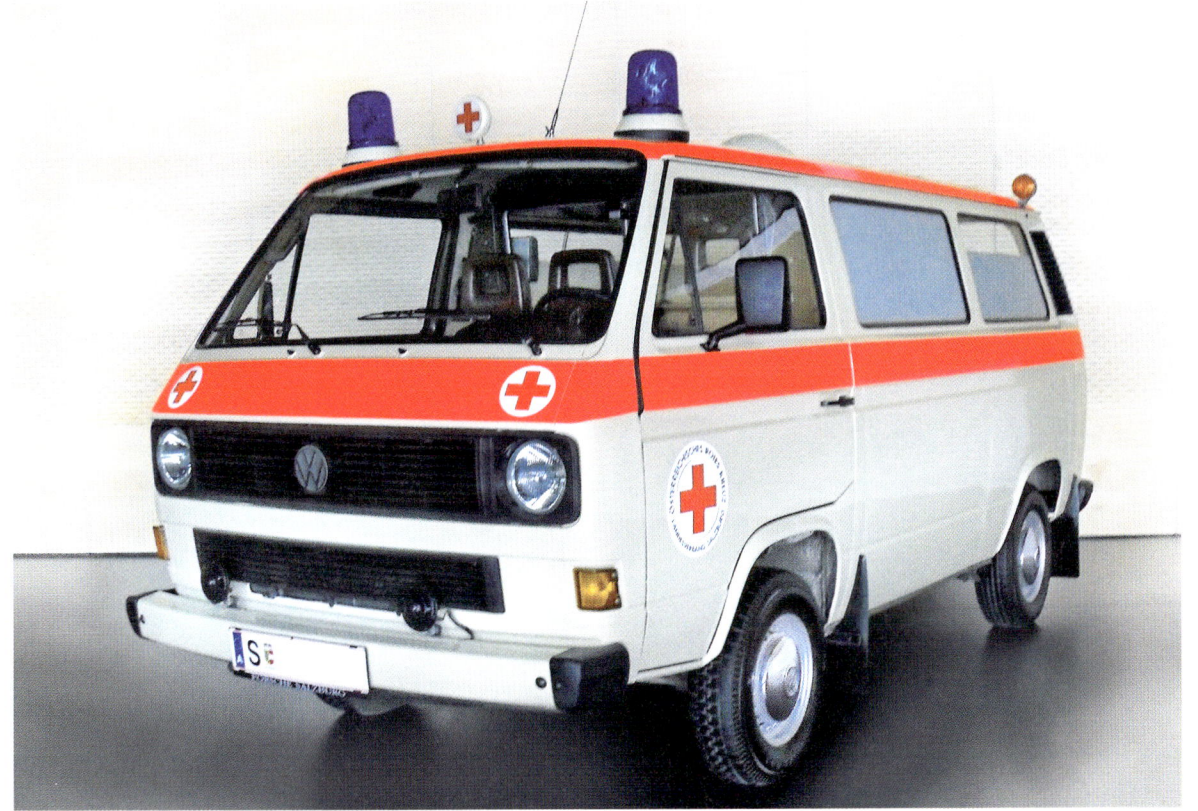

Abbildung oben: Etwas ganz Neues schufen 1981 die Experten von der eigentlich mit Yachtbau beschäftigten Firma Dehler: ein – auch in der Zulassung so genanntes – Büromobil. Der Dehler Profi war kein echtes Reisemobil, auch wenn er auf den ersten Blick so aussieht mit seinem hohen Dach, sondern ein nobles fahrendes Büro, ein Geschäftsfahrzeug, das auch in der Freizeit einen eleganten Touch verleiht. Der Dehler Profi hatte aber auch seinen Preis: Er begann in kleinster Version bei rund 54.000 Mark. Setzte man einige Kreuze in der Liste für Sonderausstattungen oder wählte gar einen Syncro als Basis mit großem Motor, war auch das Doppelte möglich.

Abbildung links: Der Bulli T3 als Ambulanz-Fahrzeug. Auch die Rettungsdienste setzen wieder auf den Typ 2.

T3 Sonderfahrzeuge und Umbauten

Ein TriStar im Rennlook. Üblicherweise war diese Variante der Doppelkabine eher für das Gelände als die Rennstrecke ausgelegt. Aber auch tiefergelegt und mit fast bis auf den Boden reichender Frontschürze macht der TriStar eine gute Figur.

Eine Doppelkabine mit Auflieger-Umbau. So konnte der T3 auch als Zugmaschine für Sattelanhänger dienen. Ein sicher sehr seltener, dafür umso aufsehenerregender Umbau.

Abbildungen rechts und unten: Der Traveller-Jet, hier im VW Nutzfahrzeuge-museum, ist eine Studie aus dem Jahr 1979, aus der viele Elemente in spätere Serienfahrzeuge übernommen wurden. Auf dem Dach eine verglaste Kuppel und bis zum Boden reichende Mittelfenster vermitteln lichte Großzügigkeit und machen es den vier Passagieren in ihren lederbezogenen Ruhesesseln einfach, sich auf Gespräch und Geschäft zu konzentrieren. Eine Frage an die Sekretärin? Telefon vorhanden. Einen Kaffee für den Kunden? Die Maschine ist an Bord. Und nach dem Meeting wird die gläserne Trennwand zum Fahrerbereich geschlossen, dann legt man die Füße hoch und relaxt bei der Sportschau auf dem bordeigenen Fernseher, während einen der Chauffeur nach Hause fährt.

Der Bulli T4 – 1990 bis 2003
Die Revolution

131

Der Bulli T4 – 1990 bis 2003

Alles wurde anders im August 1990: Der Bulli T4 unterscheidet sich jetzt wirklich grundlegend von seinen Vorgängern. Die Ingenieure bei VW entschieden sich, den Motor jetzt vorn einzubauen und die Vorderräder den Wagen antreiben zu lassen. Der Fahrer sitzt nun hinter und nicht mehr auf der Vorderachse. Neue Ideen, technische Neuerungen und neue Anforderungen der Kunden sind Teil der Evolution – auch beim Bulli.

Ein besonderes Fahrzeug ist dieser T4 Business Van mit V6-Motor und BiTurbo. Auch die Innenausstattung kann sich sehen lassen.

Eine Schnitt-Grafik gibt Einblicke in den neuen VW T4 Transporter.

Quer eingebauter Reihenmotor im T4. Die Abkehr vom Heckmotorprinzip ermöglichte die Übernahme der in großen Mengen gefertigten Konzern-Motoren auch in den Bulli.

Für den Umstieg gab es gewichtige Gründe, von denen sich die meisten zusammenfassen lassen unter den Stichwörtern „Kosten sparen" und „Nutzen verbessern". Und das war bitter nötig. Denn das generelle Umfeld war sehr viel schwieriger als einst: Statt einer Handvoll Konkurrenten wie in den frühen Typ 2-Jahren hatte man es – auch durch die asiatischen Fabrikate – mittlerweile mit rund 20 Mitbewerbern zu tun. Der Markt war heiß umkämpft, der Marktanteil des Bulli schrumpfte von ehemals über 70 Prozent zu seinen besten Zeiten auf rund 50 Prozent. Seit geraumer Zeit schon hatte Volkswagen sich im Pkw-Sektor von den hinten liegenden Boxern verabschiedet und setzte vorn quer eingebaute Reihenmotoren ein. Sie wurden in riesiger Stückzahl gefertigt und waren auch stark genug, um ein Nutzfahrzeug anzutreiben. Warum also sollte man sie nicht in den Bulli einbauen, wenn ein nutzfahrzeugeigenes Aggregat für den Heckantrieb teuer hätte entwickelt werden müssen?

Der Bulli T4 – 1990 bis 2003

Zudem konnte man die Übertragungswege (Schaltung, Heizung, Klimatisierung) verkürzen, was nicht nur günstiger in der Fertigung war, sondern vor allem mehr Möglichkeiten für das gesamte Heck bot. Herausstechend dabei waren neue Radstandsvarianten, die zuvor technisch schlicht zu aufwendig waren.

Ebenso wichtig war die Einführung des durchgehenden, ebenen Ladebodens, dem hinten kein Motor mehr im Weg war. Die gesamte Konkurrenz konnte damit aufwarten. Es wurde Zeit für VW, hier Boden gutzumachen. Außerdem führte man direkt drei Nutzlastklassen ein: von 800 kg Zuladung bis zu 1,2 t und einem zulässigen Gesamtgewicht von 2,8 t.

Günstiger für den Kunden war der geringere Verbrauch aufgrund guter Luftwiderstandswerte – die kleine Bughaube war dabei sehr hilfreich. Die bessere Erreichbarkeit des Motors vorn zwecks Inspektion oder Reparatur kam noch obenauf, denn was Zeit spart, spart bekanntlich auch Geld. Man erhoffte sich zudem, wieder mehr Aufbauer vom VW zu überzeugen mit einer Variante eines schlichten Fahrgestells mit Fahrerhaus.

Abbildung oben: Der VW T4 wurde mehr denn je ein Nutzfahrzeug für alle Lebensbereiche. Ob bei der Polizei, den Rettungsdiensten, bei kommunalen Einrichtungen, bei Handwerkern und anderen Kleinunternehmen oder bei Vereinen und Fußball-Fanclubs. Hier ein Vereinsfahrzeug des FC Bayern München.

Abbildung links: Ein Fahrzeug der Bundespolizei zur Grenzbeobachtung mit Wärmebildkamera.

Abbildungen oben und links: Hier ein schöner dunkelroter T4 Bulli (Bus/Personentransporter) der ersten Generation von 1994. Ab 1996 wurde in einem generellen Facelifting die Front für alle Personentransporter und Camper verändert, da man diese von den Nutzfahrzeugen (Arbeitsfahrzeuge) abheben wollte. Siehe auch Seite 138.

Last, but not least: Es war endlich möglich, auf technisch und finanziell sinnvolle Art und Weise den Sicherheitsstandard zu erhöhen: Vor allem durch Airbags, die beim Frontlenker T3 schlicht nicht machbar gewesen waren.

Wie sieht er also aus, der T4? Er ist gewachsen gegenüber seinem Vorgänger. Zumindest in die Länge – mit 4,66 m ist er gute 10 cm länger als der T3. Dafür ist er etwas weniger breit (1,84 m) und etwas weniger hoch (1,94 m).

Zwei Radstände stehen zur Verfügung, der größere ist mit 3,32 m gute 40 cm länger als der kleinere. Geschuldet dem Frontmotor-System ist allerdings die Ladefläche um rund 30 cm kürzer als beim Vorgänger – doch wesentlich besser nutzbar, was diesen Nachteil in den allermeisten Fällen mehr als wettmacht.

Der Bulli T4 – 1990 bis 2003

Die Bleche der Karosserie sind nicht mehr komplett verschweißt, sondern zum großen Teil verklebt, die Form des T4 ist windschnittiger, was nicht nur gefällt, sondern den T4 auch den sehr guten Luftwiderstandswert von $c_w=0,36$ erreichen lässt.

Den T4 gibt es wie gehabt als Kastenwagen, Pritsche, Doppelkabine und Kombi sowie als das bereits erwähnte Chassis mit Fahrerhaus und als Tiefladervariante. Alle Transporter gibt es mit zwei verschiedenen Radständen. Hochdachvarianten wurden ab 1991 auf den Markt gebracht.

Caravelle und Multivan sind komfortabler, Pkw-ähnlicher. Und wer gerne eine Reise tut, kann sich freuen – der vom T3 bekannte California-Ausbau wird auch beim T4 wieder angeboten.

Mit dem Frontmotor-Prinzip ist es endlich möglich, den Radstand zu variieren. Damit wird nicht nur eine Variante mit größerem Innenraum möglich, auch die Sonderaufbauten werden vielseitiger.

Der California ist auch beim T4 wieder am Start, und seine Beliebtheit nimmt nicht ab. Warum sollte sie auch, schließlich sind die kleinen fahrenden Wohnzimmer praktisch und hochwertig gefertigt.

Die Preise lagen bei rund 29.000 Mark für Pritschen- und Kastenwagen, der Kombi kostete knapp 31.000 Mark und der Caravelle begann bei 35.000 Mark – jeweils mit dem kleinsten verfügbaren Motor und Serienausstattung ohne Extras. Man kam leicht auf deutlich höhere Beträge, wenn man sich das eine oder andere Extra, einen größeren Motor oder den Allradantrieb gönnte. Die Motorenpalette startete 1990 mit zwei Benzinern und zwei Dieselaggregaten, die bis zu 84 PS leisteten.

1991 kam ein neuer 2,5-Liter-Fünfzylinder-Motor mit 110 PS dazu, der auch die neuen Syncro-Allradvarianten ab Baujahr 1993 antreibt. Ebenfalls in dem Jahr wurde der erste T4-Dieselmotor mit Turbolader eingeführt: 1,9 l Hubraum erreichen mit Aufladung 68 PS Leistung. Erst ab Ende 1995 wurde der 2,5-Liter-TDI in den Bulli eingebaut, der Turbodiesel-Direkteinspritzer, der seine Kraft aus fünf Zylindern holt und dabei so sparsam bleibt wie kein anderes Aggregat dieser Leistungsstufe zuvor.

1994 gab es Zuwachs in der California-Familie: Der Exclusive kann mit langem Radstand und festem Hochdach sowie großzügiger Ausstattung aufwarten, der Highway ist die

Der Bulli T4 – 1990 bis 2003

Ein California in Ruhestellung mit aufgeklapptem Dach und verdunkelten Fenstern. Doch täuschen Sie sich nicht – der Umbau zum rasanten Pkw dauert nur wenige Minuten, und schon geht es wieder auf den Asphalt. Die Optik der Frontpartie der Personentransporter wurde wegen der Abgrenzung zu den Nutzfahrzeugen 1996 geändert.

Der Caravelle Business. Das T4-Topmodell und bis dahin das teuerste Modell bei VW.

kleinere Variante mit kompaktem Hochdach.

Zwei Jahre später, 1996, war es Zeit für eine große Produktaufwertung. Unter anderem wurde der Vorderwagen neu gestaltet und verlängert. Acht Zentimeter mehr boten nun auch reichlich Platz für die großen Motoren aus der Konzernfamilie wie den VR6, ein 6-Zylinder-Aggregat mit 2,8 l Hubraum.

Die Optik der Frontpartie der Personentransporter wurde überarbeitet und diente nun der Abgrenzung zu den Nutzfahrzeugen. Der neue Bug war harmonischer, runder. Auch in Sachen Sicherheit wurde weitergedacht: Allen T4 wurden vier Scheibenbremsen spendiert. Die Trommelbremsen hatten endgültig ausgedient.

Neu ins Angebot kam 1997 der Caravelle Business – ein nobler Vertreter, der seinesgleichen sucht: Er ist mit allen technischen Spielereien ausgestattet, die man sich wünschen kann (und einigen, von denen man bis dahin gar nicht wusste, wie sehr man sie braucht). Autobild.de beschrieb den Business im Mai 2002 anschaulich: „Die Preisliste [...] wird oben gekrönt von dem megaluxuriösen Caravelle Business für 116.191 Euro, dem zum Privat-Jet eigentlich nur noch freundliche Stewardessen, Triebwerke und Tragflächen fehlen." Sie haben nun eine Vorstellung vom Business? Er war das bis dahin teuerste VW-Modell und sollte es bis zur Einführung des Phaeton auch bleiben.

1999 bekam der T4 ESP verpasst, ein elektronisches Stabilitätsprogramm, das das Umkippen des Fahrzeugs bei Ausweichbewegungen verhindern sollte. Er war der Erste seiner Klasse – VW war ein weiteres Mal Vorreiter in Sachen Sicherheit.

In den Folgejahren wurden immer wieder die Aggregate überarbeitet, der stärkste Motor war der V6, der ab dem Jahr 2000 produziert wurde. Er lässt satte 204 Pferde auf die Rennbahn. Sparsamer fährt man mit dem großen 2,5-Liter-TDI (einem Turbodieselaggregat mit Direkteinspritzung), der ab 1998 bis zu 151 PS bereitstellte.

Nach 1.873.033 Exemplaren wurde 2003 in Hannover die Produktion des T4 eingestellt.

T4 Transporter

Beim T4 gab es endlich mal keine Aufregung mit der Bezeichnung, keine Schwierigkeiten mit fremden Namens-Patenten. VW half auch erstmals dem Interessierten, seine T4-Variante auf der Straße wiederzuerkennen: Zur Unterscheidung der Personentransporter und der Nutzfahrzeuge haben erstere in Wagenfarbe lackierte Stoßfänger, ab 1996 erhielten sie zudem eine rundere Front, während den Nutzfahrzeugen die strenge, eckige Form erhalten blieb – gut erkennbar ist dies am Übergang der Scheinwerfer zur Fronthaube.

Ein VW T4 Transporter 2.5 TDI mit Automatic-Getriebe. Der Kastenwagen war und ist in der ganzen Welt beliebt. Hier in Kongsberg, Norwegen.

Wie schon beim allerersten Transporter-Prototyp hat sich die Werbung auf der Seite erhalten. Moderner – natürlich, schriller und lauter. Aber immer noch eine der besten Stellen, um sich zu präsentieren: die Seitenwand eines VW Transporters. Dieser T4 Shuttlebus wurde 2008 während der Computex in Thaipeh (Taiwan) auf dem Messegelände eingesetzt. Dementsprechend wurde die Werbefläche genutzt.

Ein Pritschenwagen in Baustellenorange, dem man die harte Arbeit gerade im hinteren Fahrzeugbereich auch ansieht. Das Fahrzeug hat viele Jahre im Bauhof der Stadt Würselen seinen Dienst getan und stand im Sommer 2014 als Gebrauchtwagen zum Verkauf.

T4 Transporter

Beim T4 ist der Kombi endlich vom Bus – genauer: dem Caravelle – zu unterscheiden: Seine Stoßfänger sind nicht in Wagenfarbe lackiert und ab 1996 bleiben ihm die eckigen Scheinwerfer, die kantigere Front, während der Caravelle runder und geschmeidiger wird. Ansonsten bleibt das Konzept bekannt: Der variable Innenraum mit den leicht herauszunehmenden Sitzen zwecks Anpassung an Transportgut oder Passagiere ist auch beim T4 das Markenzeichen des Kombi.

Der Kastenwagen bildet die Urform der geschlossenen Transporter. Beim T4 trägt er auf einer Ladefläche von knapp vier Quadratmetern (beim kurzen Radstand) knapp 5,4 Kubikmeter Material mit sich, das bis zu 1,2 t wiegen darf. Nicht zu verachten ist eine andere Art von Komfort: Die Ladekante liegt nur noch bei etwas mehr als einem halben Meter.

Hier hat sich jemand einen noblen T4-TDI-Transporter angelacht. Eine echte Hochzeitskutsche, ein Traum in Weiß. Die feine Karosse aus dem Baujahr 1995 war mit 102 PS und 2461 ccm Hubraum auch nicht eben langsam. Ausgestattet war der Wagen mit fast allem, was seiner Zeit möglich war: elektrische Fensterheber, Navigationssystem, zwei Airbags, Servolenkung, Standheizung, Tempomat, Alufelgen, Anhängerkupplung und elektronische Wegfahrsperre. Ein echtes Sahnestückchen, nach dem sich jeder T4-Liebhaber die Finger leckt.

T4 Caravelle

Der Caravelle steht auch beim T4 für die gehobene Variante des Passagiertransports. Mit einem dem Pkw gleichkommenden Fahrgefühl legt er die Messlatte hoch an bei den Großraumlimousinen. Der Caravelle ist zum ersten Mal von außen zu unterscheiden vom Kombi: In Wagenfarbe lackierte Stoßfänger verzeihen zwar keine Unachtsamkeiten beim Einparken, aber machen doch deutlich, dass hier die „feinere Variante des VW-Bus" angefahren kommt.

Der Caravelle Business war das Topmodell unter den T4. Er war mit sämtlichen Extras zu haben, die man sich wünschen konnte, und noch einigen mehr. Ein kurzer Einblick: Lederausstattung gehörte zum guten Ton, auch am Armaturenbrett und als Türinnenverkleidung. Sitzheizung auf allen Sitzen, die elektrisch verstellbar waren, die Sitze der zweiten Reihe waren auf Schienen montiert und konnten gedreht werden, sodass man am ausziehbaren Tisch von Angesicht zu Angesicht übers Geschäft reden konnte. Klimaautomatik vorn und hinten, Faxgerät, Fernseher – für den Business war alles zu bekommen. Das hatte natürlich seinen Preis: Unter 150.000 Mark zu bleiben war nicht ganz einfach, aber es ging auch noch wesentlich teurer. Spätestens am Preis merkt man, welche Kundschaft VW im Visier hatte. Man wilderte in Regionen, in denen das eigene Fahrzeug üblicherweise eine „7" oder ein „S" im Namen trug. Der auf dem Foto gezeigte Business mit VR6-Motor leistet 140 PS aus sechs Zylindern und 2,8 l Hubraum.

Abbildung linke Seite: Der Motor mit dem Kürzel TDI sollte das beliebteste Triebwerk für die Bullis der jüngeren Generation werden. Er leistet je nach Ausbaustufe und Herstellungsjahr von 88 bis 151 PS bei bis zu 295 Nm Drehmoment. Von außen ist er nicht nur am Kürzel in den Lüftungsgittern zu erkennen, sondern auch an den seitlichen Belüftungsschlitzen für den Turbo unter den Frontblinkern.

T4 Multivan

Der Multivan durchlebte während seines Daseins von 1990 bis zum Produktionsende mehrere Aufwertungen. Während die zweite Sitzbank zu Beginn noch nach hinten zeigte und herausgenommen werden konnte, findet man im Multivan der späteren Baujahre statt einer Sitzreihe Einzelsitze vor, die auf Schienen bewegt und sogar gedreht werden können. Möglich ist statt dem Einzelsitz hinter dem Beifahrer auch eine Kühlbox.

Der Multivan ist als Einstiegs-Freizeitmobil konzipiert. Genau das richtige Fahrzeug also, um lange Fahrten zu genießen. Bei einer Pause vielleicht mit einer grandiosen Aussicht oder zum Frühstück beim Sonnenaufgang am Meer. Mit dem Multivan geht es nicht um das Rasen, sondern das Reisen: Der Weg wird zum Ziel.

Ein ausklappbarer Tisch sowie eine zur Liegefläche umlegbare letzte Sitzreihe waren Serie und immer feinere und hochwertigere Innenausstattungsdetails boten dem Reisenden Wohlfühlambiente. 1999 dann stellte der Multivan in seiner Variante als TDI syncro einen Weltrekord auf: Mit zwei Mann Besatzung bewältigte er die Panamericana – also eine Route vom nördlichen Alaska bis hinunter nach Feuerland – in nur 15 Tagen, 14 Stunden und 6 Minuten. 22.880 Kilometer und 16 Grenzübertritte, Unwägbarkeiten und Überraschungen, Vulkanausbrüche und Straßensperren, dichter Dschungel und Hochgebirgspässe: alles in einem Rutsch und ohne eine einzige Panne.

Mit dem Multivan ist auch ein Städte-Kurztrip reines Vergnügen. Und findet man kein Hotel, ist schnell die Sitzbank umgelegt und so der Schlaf gerettet.

T4 Multivan

Ein Multivan TDI der letzten Baureihe. Gut zu erkennen sind die beiden Einzelsitze der zweiten Sitzreihe, die nach vorn gerichtet sind. Sie sind auf Schienen gelagert und können auch gegen die Fahrtrichtung gedreht werden, um sich am Multivan-Ausklapptisch mit den Fahrgästen der dritten Sitzreihe gegenüberzusitzen.

Ebenfalls ein Multivan TDI der letzten Baureihe aus dem Baujahr 2001. Dieser wurde auf Wunsch auch mit in der Karosserie intergrierten runden Scheinwerfern ausgerüstet.

Ein Multivan der ersten T4-Generation. Er hat noch die gleiche Front wie die Transporter mit den eckigen Scheinwerfern.

Ein Multivan VR6 mit dem Bug nach der großen Produktaufwertung 1996. Die Form wirkt harmonischer, runder und leichter.

T4 Reisemobil

Das Wichtigste der zahllosen Reisemobile auf Basis des T4 ist sicherlich der VW California, den der langjährige Partner für den Camping-Ausbau, Westfalia, wieder für den Konzern fertigte.

Wenn auch der T4 mit kurzem Radstand die bekannte Raumaufteilung vom T3 nahezu identisch übernehmen konnte, so stand doch mit dem T4 mit langem Radstand eine ganz neue Herausforderung an.

Ein T4 California Exclusive, Westfalia Camper (siehe auch Seite 152).

So wurde denn auch im „California Club" die Küchenzeile quer im Heck eingebaut – nur eines von vielen Beispielen für die neu angeregte Fantasie der Aufbauer und Ausstatter. Es folgten 1992 der California Coach, der wie sein namensgleicher Vorgänger beim T3 ein günstiges Camping-Einstiegsmodell war, und der California Tour. 1994 dann kam ein neues Reisemobil-Topmodell auf den Markt. Der California Exclusive basiert auf dem langen Radstand, hat vorne eine Sitzgruppe, in der Mitte eine Küche und im Heck einen kleinen Sanitärraum mit Toilette und Waschbecken.

Abbildung rechts oben und unten: Der Carthago Malibu ist ein prächtiges Beispiel dafür, dass nicht nur Westfalia gute Campingmobile baute. Der Malibu 28 basiert auf dem langen Radstand und hat ein Aufstelldach, das allerdings nach hinten öffnet. Seine Küche ist seitlich im Heck untergebracht, er bietet sechs Sitzplätze während der Fahrt und vier Schlafplätze für die Nacht. Genügend Platz für ein Zelt für die beiden, die außerhalb nächtigen müssen, ist ebenfalls vorhanden.

T4 Reisemobil

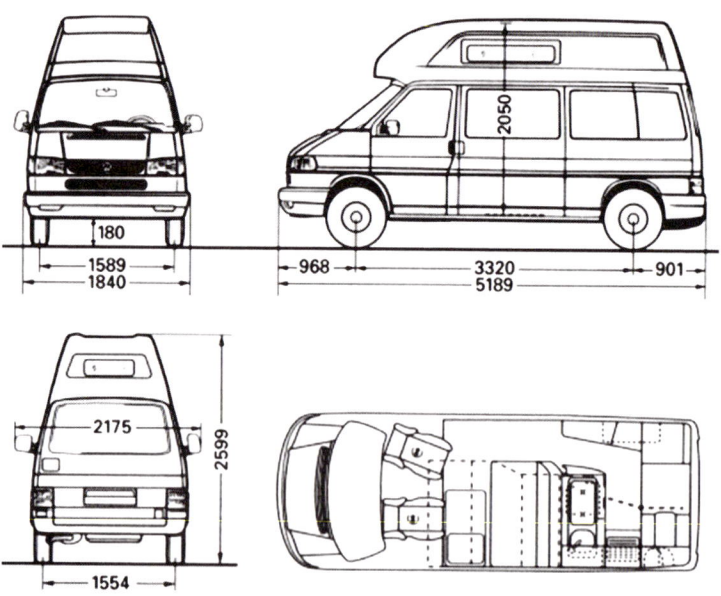

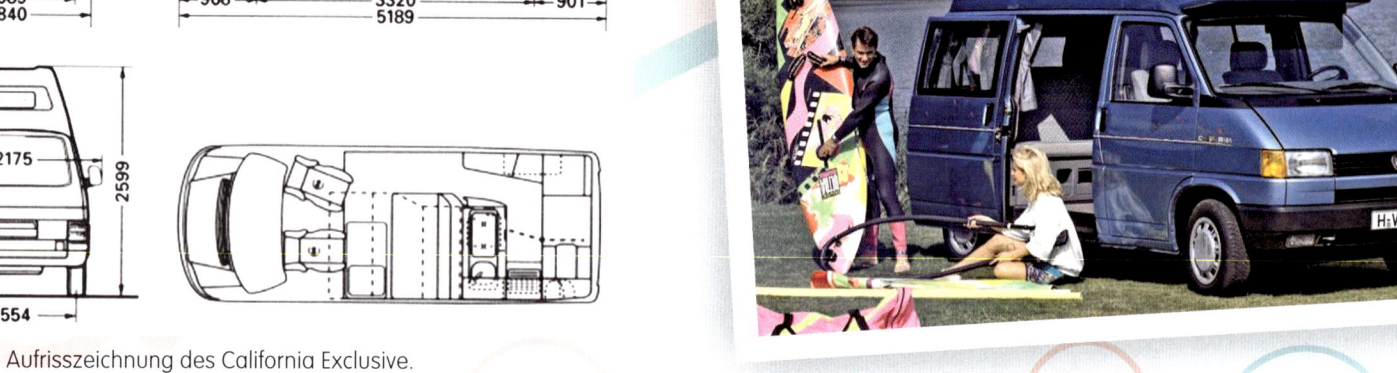

Aufrisszeichnung des California Exclusive.

Abbildung links und oben rechts: Der California Exclusive ist das Topmodell der von Westfalia für Volkswagen gefertigten California-Modelle. Er startete 1994 auf Basis des T4 mit langem Radstand und bekam ein Hochdach verpasst, in dem ein aufklappbares Bett untergebracht ist. Zwei Erwachsene finden bequem darin Platz. Sowohl Fahrer-, als auch Beifahrersitz sind drehbar, sodass eine ganz neue Raumaufteilung möglich ist: die Sitzgruppe ganz vorne, eine L-förmige Küche in der Mitte mit zweiflammigem Kocher, Waschbecken und Kühltruhe sowie Einbauschränken und einem separaten Sanitärraum im Heck. In Letzterem ist genügend Platz für Toilette, Waschbecken und einen kleinen Schrank.

Ein T4 Camper mit aufgeklapptem Faltdach. Ein ideales Gefährt für Urlaubsreisen, Sport und Hobby. Heute am See zum Surfen, morgen zum Wandern in die Berge. Die fahrbare Unterkunft macht es möglich.

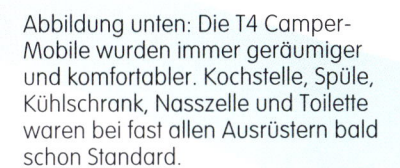

Abbildung unten: Die T4 Camper-Mobile wurden immer geräumiger und komfortabler. Kochstelle, Spüle, Kühlschrank, Nasszelle und Toilette waren bei fast allen Ausrüstern bald schon Standard.

Der Eurovan Rialta ist eines von mehreren Modellen, die von Winnebago auf Basis des T4 gebaut wurden. Man produzierte ausschließlich für den nordamerikanischen Markt und rüstete seine Reisemobile konsequent mit den größten verfügbaren Motoren und Automatikgetriebe aus.

T4 Sonderfahrzeuge und Umbauten

Der Erfolg des Bulli bei den Spezialfahrzeugen reißt auch mit dem T4 nicht ab. Ganz im Gegenteil: Die Kurzhuber-Konstruktion findet großen Anklang sowohl bei Behörden als auch bei den Aufbauern, also den großen Abnehmern. Aber auch immer mehr Tuner und Veredler nehmen sich den T4 vor.

T4 Transporter für Blaulichteinsätze – auch die Polizei setzt nach wie vor auf den Bulli. Der Bus ist mit einer Alarmbox auf dem Dach ausgestattet. Diese besteht aus zweimal Blaulicht und akustischem Signalgeber, dem sogenannten Martinshorn. Heckseitig wurde zusätzlich ein separates Blaulicht montiert, damit man das Fahrzeug im Einsatzfall auch aus allen Richtungen rechtzeitig sehen kann.

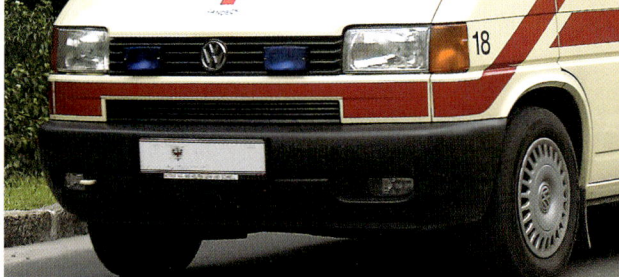

Ein Krankenwagen auf Basis des T4 Hochdachkombis. Ein Fahrzeug ganz in der Tradition des T1 Clinomobils.

Auch international ist der Volkswagen T4 gefragt – hier als Kombi-Sonderanfertigung für die Schweizer Grenzwache in Basel.

Ganze Flotten werden mit dem T4 ausgerüstet. Hier bei der polnischen Polizei in Warschau mit Schutzgittern vor den Frontscheiben.

T4 Sonderfahrzeuge und Umbauten

Die Deutsche Post bleibt dabei, der Volkswagen Transporter (hier als Kastenwagen) ist das richtige Gefährt für die sichere Zustellung von Briefen und Paketen, aber auch als Servicemobil im technischen Bereich. Was so einfach klingt, verlangt möglichst hohe Zuverlässigkeit – es darf nicht am Auto liegen, wenn es mal nicht klappt mit der Auslieferung oder den Terminen. Seit vielen Jahrzehnten setzt die Deutsche Post auf die Fahrzeuge von Volkswagen.

Ein T4 Caravelle TDI als Einweisungsfahrzeug auf dem Flughafen in Bremen beim Flugtag 2009. Die schwarz-gelbkarierte Lackierung ist für solche Fahrzeuge vorgeschrieben, damit sie auch bei schlechten Sichtverhältnissen noch gut erkennbar sind.

Der Notarztwagen der Feuerwehr von Hannover ist natürlich auch ein VW T4 TDI. Dieses Fahrzeug entstand auf der Basis des Caravelle, wie an der Frontpartie erkennbar ist. In diesem Falle haben wir eine komplette Blaulichtleiste mit integriertem akustischen Signalgeber auf dem vorderen Dach, ein Blaulicht auf dem hinteren Dach und zwei kleinere Blaulichtsignallampen an der Frontseite über der Stoßstange am unteren Lüftungsgitter.

Dieser Feuerwehrwagen ist auf einem Kombi aufgebaut. In seinem Laderaum ist Platz für 5,4 Kubikmeter Material – oder bis zu acht Feuerwehrleute, wenn die mittlere Sitzbank montiert ist.

T4 Sonderfahrzeuge und Umbauten

Auch die Spezialisten von Dehler Yachtbau mischten wieder mit. Nachdem sie bereits beim T3 erfolgreich waren, entschied man sich dazu, beim T4 auch eine Wohnmobilvariante von Dehler auf den Markt zu bringen. Sie nennt sich Optima und war in verschiedenen Größen, basierend auf den unterschiedlichen Radständen, zu haben: vom Aufstelldach bis zur Hochdachvariante mit kompletter Nasszelle. Aber auch ein Büromobil war wieder dabei: „Dehler Profi" heißt auch dieses, wie schon sein Vorfahre beim T3, und es folgt der Tradition, gleichzeitig Geschäftswagen, mobiler Konferenzraum und hochwertiges Freizeitmobil zu sein.

Abbildung oben: Der „Dehler Optima 5.4" ist das Flaggschiff der Dehlerflotte und wurde seinerzeit in Bulli-Kreisen auch schon mal spöttisch „Dickschiff" genannt. Die Ziffern „5.4" stehen für 5,40 Meter Aufbaulänge und langen Radstand mit GFK-Heckverlängerung.

Abbildung oben: Die Nasszelle im „Optima 5.4" m transportabler Chemietoilette, die nicht entfernt w muss, wenn man in der Kabine duschen möchte. Am Boden sieht man den Wasserablauf und links Handbrause.

Der „Dehler Profi" auf Basis des T4.

Der Kleinere der Gebrüder Dehler, der „Optima 4.0".

Ein großer Vorteil des T4 gegenüber seinen Vorgängern war seine Variabilität. Man konnte bei ihm viel leichter den Radstand verändern als beim T3. So konnten, wie hier im Bild, auch Abschleppunternehmen und Auto-Werkstätten wieder vermehrt auf Volkswagen bauen.

Eine T4-Doppelkabine des Malteser-Fernmeldezugs. Deren Aufgabe ist die Herstellung von Funk- und Drahtverbindungen vor Ort bei Großveranstaltungen und Hilfseinsätzen. Zuverlässiger Kollege mit großem Rucksack für allen Eventualitäten ist die unverwüstliche DoKa T4.

Ein Übertragungswagen des polnischen Fernsehens mit einer Satelliten-Sendeanlage auf Basis eines T4-Kombis. Der Volkswagen war und ist für fast jedes technische Gerät eine geeignete mobile Plattform.

Der Bulli T5 – 2003 bis 2015
Facelifting und Inside Revolution

161

Der Bulli T5 – 2003 bis 2015

Im späten Sommer 2003 kam der Umstieg auf die nächste Generation. Die Produktion des T5 begann. Wer Überraschungen oder gar eine technische Revolution erwartet hatte, wurde indes enttäuscht. Die Entwicklung ist zu sehen an vielen kleinen Details im Innern, das Äußere des T5 jedoch wirkt – jedenfalls auf den ersten Blick – nur wie eine Aufwertung des T4, ein Facelift. Man muss schon genauer hinsehen. Was hat sich im Einzelnen also getan?

Im T5 wird die Seitenwand aus einem einzigen Stück Blech gepresst. Somit entfällt die bisher bei allen Modellen vorhandene Schweiß- oder Klebenaht.

Der T5 ist in jede Richtung gewachsen – in der Länge deutlich, in Höhe und Breite nur ein wenig. Im Modelljahr 2003 ist der Kastenwagen (kurzer Radstand) 4,89 m lang, 1,99 m hoch und ohne Spiegel 1,90 m breit. (Zum Vergleich: Der T4 der letzten Baureihe ist 4,71 m lang, 1,94 m hoch und 1,84 m breit).

An der Seitenwand fehlt eine Naht, geschuldet der Tatsache, dass die komplette Wand nun aus einem einzigen Stück Blech gepresst wird. Im Innenraum fällt die neue Joystick-Schaltung auf.

Unter der Haube arbeiten alle Dieselmotoren mit Turboaufladung und Pumpe-Düse-Einspritzung, und wer einen Allradantrieb orderte, der bekam keinen „syncro" mehr, sondern einen „4motion" – die Viscokupplung wurde von der moderneren Haldex-Kupplung ersetzt.

Die Modelle sind die Altbekannten: beim Lastentransporter Kombi, Kastenwagen, Pritsche, Doppelkabine, Fahrerhaus mit Fahrgestell. Bei den Personentransportern fehlte zu Beginn der Produktion noch der Caravelle. Stattdessen bot VW den Kombi in einer gehobenen Variante namens „Shuttle" an. Beim Multivan gibt es mehrere Varianten: „Beach" und „Startline" waren die Einstiegsvarianten. „Comfortline" und „Highline" sind besser ausgestattet, waren aber deutlich teurer. Topmodell war der Multivan Business, der bereits in der Grundausstattung mit rund 85.000 Euro zu Buche schlug, Preise weit im sechsstelligen Bereich waren leicht erreichbar. Bei den Campingmobilen war wieder der California am Start.

Das Cockpit in einem 4motion-Allrad. Neu ist der Joystick-Schaltknüppel.

Der Caravelle war zu Produktionsbeginn nicht lieferbar, er wird erst später das T5-Programm ergänzen.

Der Bulli T5 – 2003 bis 2015

Beim California bleibt man sich treu und setzt auch beim T5 auf ein Ausstelldach, das sich gegen die Fahrtrichtung öffnet.

Was passierte in den Folgejahren? Ehrlich gesagt: eine ganze Menge, aber kaum etwas davon war wirklich aufregend. Neue verfügbare Farben, ein Basislenkrad aus dem Passat, das übernommen wurde, der Wegfall von Aschenbechern … Interessant wurde es erst wieder im Juli 2009 mit der großen Produktaufwertung.

Optisch passierte das Übliche: Die Frontpartie wurde überarbeitet. Scheinwerfer, Kühlergrill, Stoßfänger und das ganze Drumherum wurden neu gestylt.

Weitaus spannender war aber die Neu-Konzeption der Motorenpalette. Die großen Aggregate, die 5-Zylinder und der 6-Zylinder, wurden gestrichen. Der T5 hat nur noch Motoren mit 2 l Hubraum im Portfolio, sowohl bei den Benzinern als auch bei den Dieseln. Sie werden bis auf das Basismodell mit einem Turbo aufgeladen, beim Diesel-Topmodell sind es sogar zwei. So leistet der T5 von 84 bis zu 204 PS, bei im Vergleich zu den vorherigen Aggregaten vermindertem Verbrauch, aber ähnlichen Fahrleistungen. „Downsizing" ist das Stichwort 2009.

Nicht unterschlagen wollen wir auch den Einzug eines 7-Gang-Doppelkupplungsgetriebes (bei VW DSG genannt) in den Bulli.

Mit einer großen Produktaufwertung betreibt VW 2009 Downsizing; statt den hubraumstarken Motoren baut man kleiner und lädt die Aggregate per Turbo auf. Dennoch bleibt der T5 bei Tuningspezialisten beliebt – hier ein Modell von Hartmann Vansports.

Der California ist das beliebteste Reisemobil seiner Klasse. Am 25. Juli 2014 feierte man das 50.000ste Modell auf Basis des T5. Weiter so!

T5 Transporter Kastenwagen und Kombi

Bei den Transportern herrscht das altbekannte Bild. Von Beginn an erhältlich waren Kastenwagen, Pritsche, Doppelkabine und Kombi sowie ein dem Fahrerhaus angehängtes Fahrgestell für Sonderaufbauten. Meist wurden die Dieselfahrzeuge mit TDI-Motoren geordert, sie leisten zwischen 84 und 180 PS. Dass auch bei Nutzfahrzeugen die Optik eine Rolle spielt, zeigte 2013 der „Transporter Edition", eine sportliche Variante des Kastenwagens.

Auch als Nutzfahrzeug darf ein T5 gut aussehen, hier der „Transporter Edition" mit Alufelgen und modischem schwarzen Dach.

Ein Kombi nach der großen Produktaufwertung 2009. Der Kühlergrill geht optisch in die verbreiterten, leicht eckigen Scheinwerfer über. Die gesamte Frontpartie wirkt bulliger als bisher.

Seiten- und Rückansicht des T5-Kastenwagens. Auch das ungeübte Auge erkennt deutlich, dass der T5 den Bullis der frühen Jahre bei der Aerodynamik um Längen voraus ist.

T5 Transporter Pritschenwagen

Während die geschlossenen Transporter der T5-Baureihe auch optisch durchaus einen drauflegen durften, sind die Pritschenwagen – so sie nicht in die Hände von Tunern geraten sind – zumeist noch dieselben Arbeitstiere wie zu Zeiten des T1. Praktisch, unverwüstlich und technisch auf dem neuesten Stand, aber nicht immer hübsch oder blank poliert schleppen sie Lasten, wohin auch immer die Straße sie führt.

Doppelkabine mit Planenaufbau auf der Pritsche sowie Windabweiser zur Verbesserung der Aerodynamik. Gut für den Spritverbrauch und somit gut für den Geldbeutel des Halters.

Der Pritschenwagen mit Doppelsitzbank statt einfachem Beifahrersitz. Es handelt sich um ein Modell, das vor der großen Produktaufwertung 2009 auf die Straßen kam, gut erkennbar an der Frontpartie und den wenig aggressiven Scheinwerfern.

Abbildungen linke Seite und oben: Die Doppelkabine ist weiterhin besonders beliebt im Baustellen-Einsatz. Die Kombination, sperrige, schwere Güter auf die Pritsche verladen zu können, notfalls sogar mit Kran oder Gabelstapler, und dennoch bis zu sechs Personen zum Einsatzort mitzunehmen, ist nach wie vor ein gutes Argument bei vielen gewerblichen Kunden.

T5 Caravelle

Der Caravelle war zu Beginn der Fertigung des T5 nicht erhältlich, stattdessen konnte ein Kombi namens „Shuttle" mit verbesserter Innenausstattung geordert werden. Als der Caravelle dann aber kam, war er überzeugend. Der Acht- oder Neunsitzer ist eine sehr beachtliche Erscheinung: eine stattliche Großraumlimousine und in den gehobenen Ausstattungsvarianten auch durchaus als luxuriös zu bezeichnen.

Abbildung linke Seite: Ein Rechtslenker-Caravelle der gehobenen Ausstattungsvariante (runde Doppelscheinwerfer und Stoßfänger in Wagenfarbe lackiert), gefertigt zwischen 2003 und 2009 vor der großen Produktaufwertung.

Abbildungen oben und rechts: Ein Caravelle TDI bluemotion. Auch bei den Personentransportern sind die sparsamen, aber durchzugsstarken TDI-Motoren erste Wahl. Die „bluemotion"-Variante ist nochmals auf günstigere Verbrauchswerte ausgelegt durch technische Gimmicks: Start-Stopp-System, Bremsenergie-Rückgewinnung, rollwiderstandsarme Reifen, geändertes Motormanagement und Tieferlegung für günstige Aerodynamik.

T5 Multivan

Der Multivan wurde immer besser, immer umfangreicher ausgestattet. Wen wunderts, Komfort ist schließlich das, was von einem Multivan erwartet wird. Dadurch stiegen natürlich die Anschaffungskosten, und VW verlor im unteren Preissegment Marktanteile. Man reagierte mit den günstigen Einstiegsmodellen „Beach" und „Startline", die beispielsweise mit Stahlfelgen ohne Radkappen und unlackierten Stoßfängern auskommen mussten.

Der Innenraum eines Multivans wurde von Generation zu Generation ausgereifter. Nach wie vor gehören aber zur Serienausstattung der Tisch im Innenraum und die zur Liegefläche umlegbare hintere Sitzbank. Hier im Bild die noble Highline-Ausstattung von 2011.

Das Cockpit des Multivan 4motion hat nicht mehr viel zu tun mit den Cockpits aus der Frühzeit des Bullis. Alles wirkt sehr aufgeräumt und übersichtlich, selbst das Lenkrad hat Pkw-Format. Holzapplikationen und Navigationssystem sind für den T5 ebenso zu haben wie Klimaanlage und Multifunktionslenkrad.

Abbildungen linke Seite und rechts: Der Multivan ist ein elegantes Freizeitmobil. Auf Leichtmetallfelgen, mit getönten Scheiben und Metallic-Lackierung ist er auch von außen ein Hingucker mit Stil und Charakter.

T5 Reisemobil

Das Basisfahrzeug des T5 wurde in Hannover-Stöcken gefertigt, bevor man es dann zwecks Ausbau zum Reisemobil nach Hannover-Limmer transportierte. Da der langjährige Partner für den Camping-Ausbau, Westfalia, zwischenzeitlich von DaimlerChryser übernommen worden war, baute VW den T5 California in Eigenregie. Man hatte bereits Erfahrung damit gesammelt in den letzten Jahren der T4 Camper-Produktion für den US-Markt.

Der T5 California nach der großen Produktaufwertung von vorne.

Abbildungen dieser Seite: Impressionen aus dem Innenraum eines T5 California, mal mit Sitzen, mal mit ausgeklappter Liegefläche. Kein Wunder, dass der California das meistverkaufte Wohnzimmer auf vier Rädern seiner Klasse ist, bei dieser Kombination aus Komfort und Nutzwert. Aber nicht nur das Wohnen, auch das Fahren macht Spaß, und das Reich des Fahrers ist ebenso bequem und komfortabel wie das Nächtigen im Heck.

T5 Reisemobil

Der vollständig ausgefahrene Danbury Doubleback live und in Farbe. Eine typisch englische Lösung: ein wenig skurril, aber mit Stil.

Fenster aus getöntem Sicherheitsglas

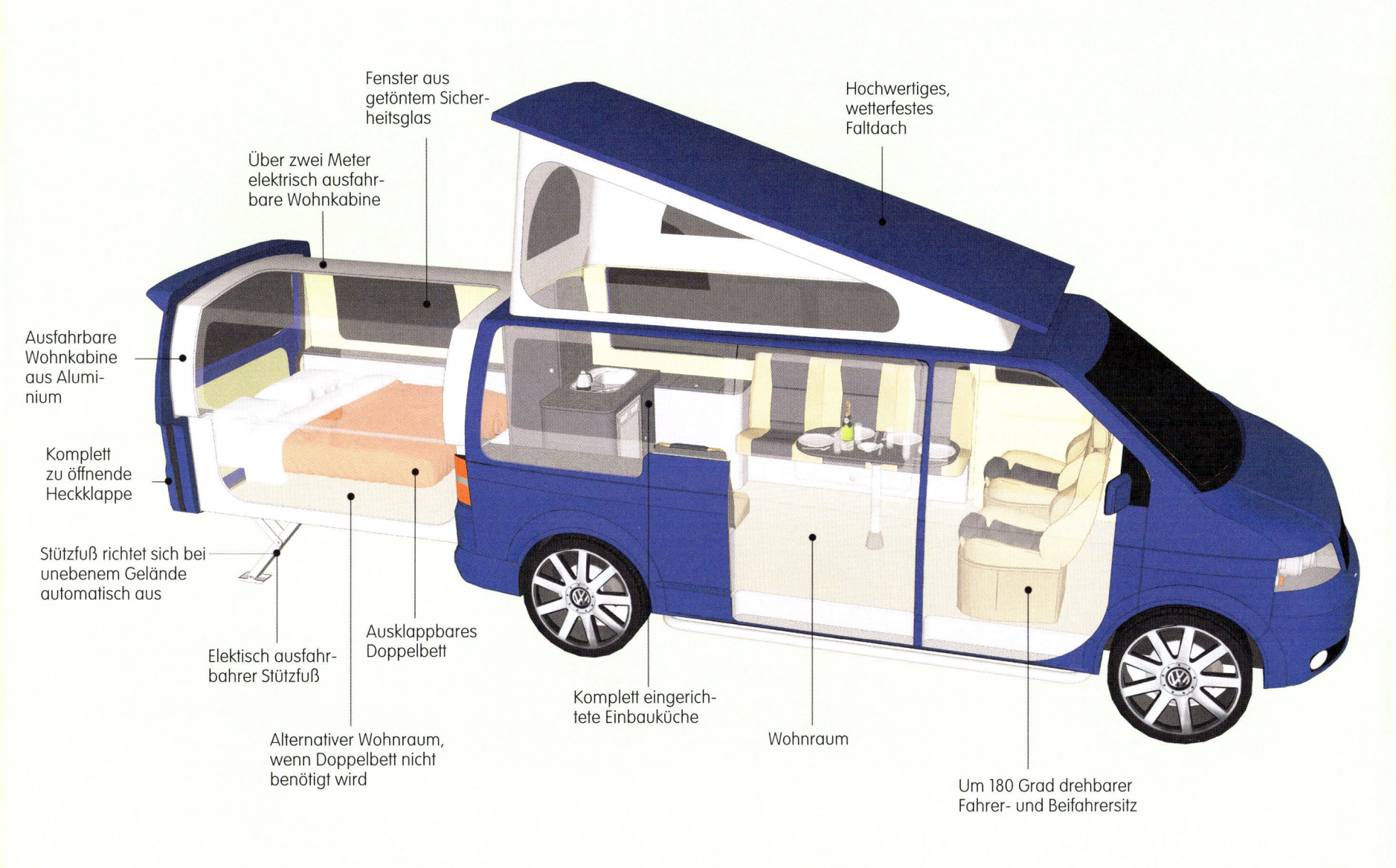

Hochwertiges, wetterfestes Faltdach

Über zwei Meter elektrisch ausfahrbare Wohnkabine

Ausfahrbare Wohnkabine aus Aluminium

Komplett zu öffnende Heckklappe

Stützfuß richtet sich bei unebenem Gelände automatisch aus

Elektisch ausfahrbahrer Stützfuß

Ausklappbares Doppelbett

Alternativer Wohnraum, wenn Doppelbett nicht benötigt wird

Komplett eingerichtete Einbauküche

Wohnraum

Um 180 Grad drehbarer Fahrer- und Beifahrersitz

Wie macht man aus dem schnellen, komfortablen, gut zu fahrenden und sparsamen Volkswagen T5 ein Reisemobil mit 2–3 Zimmern? Das mag die grundsätzliche Überlegung der britischen Fahrzeugschmiede Danbury Motor Caravans gewesen sein, bevor sie den „Doubleback" entwickelte und damit eine Bravour-Lösung anbot. Das Prinzip ist so einfach wie das Ei des Kolumbus – man muss nur drauf kommen: Per Elektromotor wird das Hinterteil ausgefahren, das sich dann selbst abstützt und nun das Schlafzimmer beinhaltet, das bis zu 400 kg belastet werden darf – völlig ausreichend für die meisten müden Reisenden. Der frei werdende Platz im „Mittelwagen" bietet nun geradezu verschwenderisch viel Raum, jedenfalls für ein solch kompaktes Wohnmobil. Und dennoch – am nächsten Tag wird aufgeräumt, eingefahren, zusammengeklappt, und schon kann man mit dem T5 wieder durch die engsten Gassen kurven. Natürlich ist der Spaß nicht ganz billig, aber dafür sind die staunenden Gesichter der Campingplatz-Nachbarn unbezahlbar. So ein Gefährt sieht man schließlich nicht alle Tage.

Die Grafik zeigt den Danbury Doubleback als offene Schnittzeichnung und gewährt einen Einblick ins Innere.

T5 Reisemobil

Robel TG 630 FB heißt dieses hübsche, teilintegrierte Wohnmobil. Es ist ausgelegt auf zwei Personen, bietet diesen auf 6,37 m Länge ein angenehmes rollendes Zuhause für unterwegs. Fast 2 m Innenhöhe reichen für die allermeisten Fahrer, die dann auch in das 2 m lange und 1,40 m breite Lattenrost-Bett passen, ohne überzustehen. Dusche, WC und Küche sind bei einem Wohnmobil dieser Größe natürlich auch inbegriffen.

Der SpaceCamper TH5 (Abb. unten) ist ein Superlativ unter den Wohnmobilen. Wer das nötige Kleingeld von mehr als 200.000 Euro für Camping-Urlaub ausgeben kann, der wird begeistert sein: von 0 auf 100 km/h in 4,9 Sekunden, von 0 auf 200 km/h in gerade mal 13,6 Sekunden. Doch da ist längst nicht Schluss – über 270 Sachen lief der SpaceCamper TH5 auf seiner Rekordfahrt im Sommer 2014. Nein, Sie haben sich nicht verlesen. Wie das Ganze zustande kommt? Die Spezialisten von TH Automobile in Berlin verpassten dem T5 SpaceCamper einen Porsche-motor mit 3,6 l Hubraum. Und zwei Turboladern. Zusammen gut für 580 PS. Dabei kommt einem fast ein Déjà-vu. Denn der Motor sitzt hinten. Wir haben also wieder einen heckangetriebenen Bulli. Und was für einen. Natürlich sind auch Bremsen, Fahrwerk und Aerodynamik angepasst. Selbstredend. Und der Tank sitzt vorne, genau dort, wo sonst beim T5 der Original-Motor untergebracht ist. Angesichts dieser feinen, in Bahnen gelenkten gewaltigen Kraft treten die anderen Superlative, die der Wagen noch zu bieten hat, fast in den Hintergrund. Wir wollen sie dennoch nennen: die leichteste Sitzbank und das schnellste Bank-zu-Bett-Umklappsystem der Welt (es dauert weniger als eine Sekunde).

Und wem die fast 600 Pferde zu viel Kraft sind, der sei ganz beruhigt: SpaceCamper bietet auch kleinere Motoren in seinen Wohnmobilen an. Oder hat Ihnen der TH5 etwa zu wenig Power? Dann reden Sie doch mal mit den Jungs von TH in Berlin. Die haben auch noch stärkere T5 zu bieten. Allerdings – und das ist der Wermutstropfen – jedenfalls derzeit nicht als Wohnmobil.

T5 California mit geöffnetem Hochdach. Innerhalb weniger Minuten wird aus der Großraumlimousine ein Strandhaus. Tisch und Stühle für draußen gehören ebenso zum Ausstattungsumfang wie Kühlbox und Gasherd (die beiden letzteren ab Ausstattungslinie „Comfortline").

Der SpaceCamper TH5 ist ein wahres Powerpaket – dank 3,6-Liter-Porsche-motor.

T5 Sonderfahrzeuge und Umbauten

Wer es gerne ein wenig sportlicher hat, der fährt mit seinem T5 von Wolfsburg aus nach Kempten im Allgäu, denn dort sind die Werkstätten von Edel-Tuner Abt. Mittels Chiptuning und Ersatz diverser Steuergeräte spendiert der geneigte Bullifahrer seinem Boliden ein ordentliches Leistungsplus: Von 180 PS geht es beim Diesel auf 200 PS, der 2,0-Liter-Benziner steigert sich gar um 36 auf 240 PS. Was früher mittels Porsche-Motor zum Beispiel beim T3 B32 passierte, regeln heute die Elektronik und die findigen Allgäuer Spezialisten.

Der Blick auf Abt-Bullis Hinterteil verspricht rohe Power im sportlichen Gewand. Der Heckspoiler und die vier dicken Auspuffrohre aus Edelstahl setzen kraftvolle Akzente.

Auch von vorne präsentiert sich der Abt-Bulli kraftvoll, mit seiner tief sitzenden Frontschürze und dem im Vergleich zum Serien-modell deutlich aggressiveren Ausdruck in den Scheinwerfern. Sportlichkeit ist übrigens nicht auf die top-motorisierten Modelle beschränkt. Auch den kleineren Aggregaten wird ein saftiges Leistungsplus spendiert. Natürlich ist auch die Optik allein zu haben. Allerdings ist der sportliche Spaß nicht ganz billig. Aber sind wir ehrlich: Bei diesen Bildern – es lohnt sich doch!

Doch die Umwandlung zum Sportler ist erst halb vollzogen. Schließlich reicht es (meist) nicht aus, ein starkes Herz zu haben, das kräftig schlägt, man muss auch im passenden Gewand erscheinen. Also gibt es Sportfahrwerk samt Tieferlegung, Seitenschweller, einen modifizierten Kühlergrill, geänderte Front- und Heckschürzen. Eine passende Lackierung? Bekommen Sie.

Mehr Sound? Eine Vier-Rohr-Endschalldämpferanlage aus Edelstahl sorgt für sonores Brummen. Ein Felgenpaket für den anspruchsvollen Fahrer setzt letzte optische Akzente. Natürlich darf das Abt-Kürzel nicht fehlen, man zeigt, wo man herkommt. Und sieht er nicht außergewöhnlich fesch aus, der Bulli?

Abbildungen oben und links: Das Multifuncar 2 von Stockel Karosserietechnik. Zwar bietet VW direkt ab Werk eine Doppelkabine an, aber die ist doch vergleichsweise bieder und für den Einsatz auf Baustellen oder im Handwerksbetrieb ausgelegt. Freizeitvergnügen in einem stylischen Pick-up hingegen verspricht das Multifuncar. Dabei bietet das Fahrzeug mehr als nur optische Highlights: Eine ganze Reihe technischer Feinheiten wurde eingebaut, so zum Beispiel eine in der Heckklappe einrastende Schublade auf dem Ladeboden. So können auch sperrige Sport- oder Freizeitgeräte bequem transportiert werden. Dass ein Funcar auch elegant aussehen kann und dass ein vollwertiger Pick-up nicht protzig sein muss, beweist die Aufnahme von der Seite. Die Proportionen stimmen einfach.

T5 Sonderfahrzeuge und Umbauten

Abbildungen rechts und unten: Den VW T5 als Einsatzfahrzeug bei der Feuerwehr findet man überall auf der Welt. Hier ein Blaulichttransporter bei der Feuerwehr Kulmbach in Bayern, der sowohl für den Mannschaftstransport als auch für wichtige Geräte wie Spritzenlanzen, Rohrverbindungen oder Material zur Verkehrsregelung und Straßenabsperrung im Notfall genutzt wird.

Der T5 kommt auch als Staatskarosse zum Einsatz. Dieser hier leistet seinen Dienst in Thailand. Man darf wohl davon ausgehen, dass das Fahrzeug über ein wenig mehr passive Sicherheit verfügt als der übliche Bulli.

Dieser sehr spezielle T5-Abschleppwagen hört auf den Namen „Hubbrillenfahrzeug". Ein solches hebt normalerweise nur die Vorderräder des abzuschleppenden Fahrzeugs an und zieht es dann durch den Verkehr – dieser T5 kann allerdings noch mehr. Eine Art Klappmechanismus erlaubt ihm, die Auffahrpritsche über die eigentliche Fahrzeuglänge hinaus zu vergrößern.

T5 Sonderfahrzeuge und Umbauten

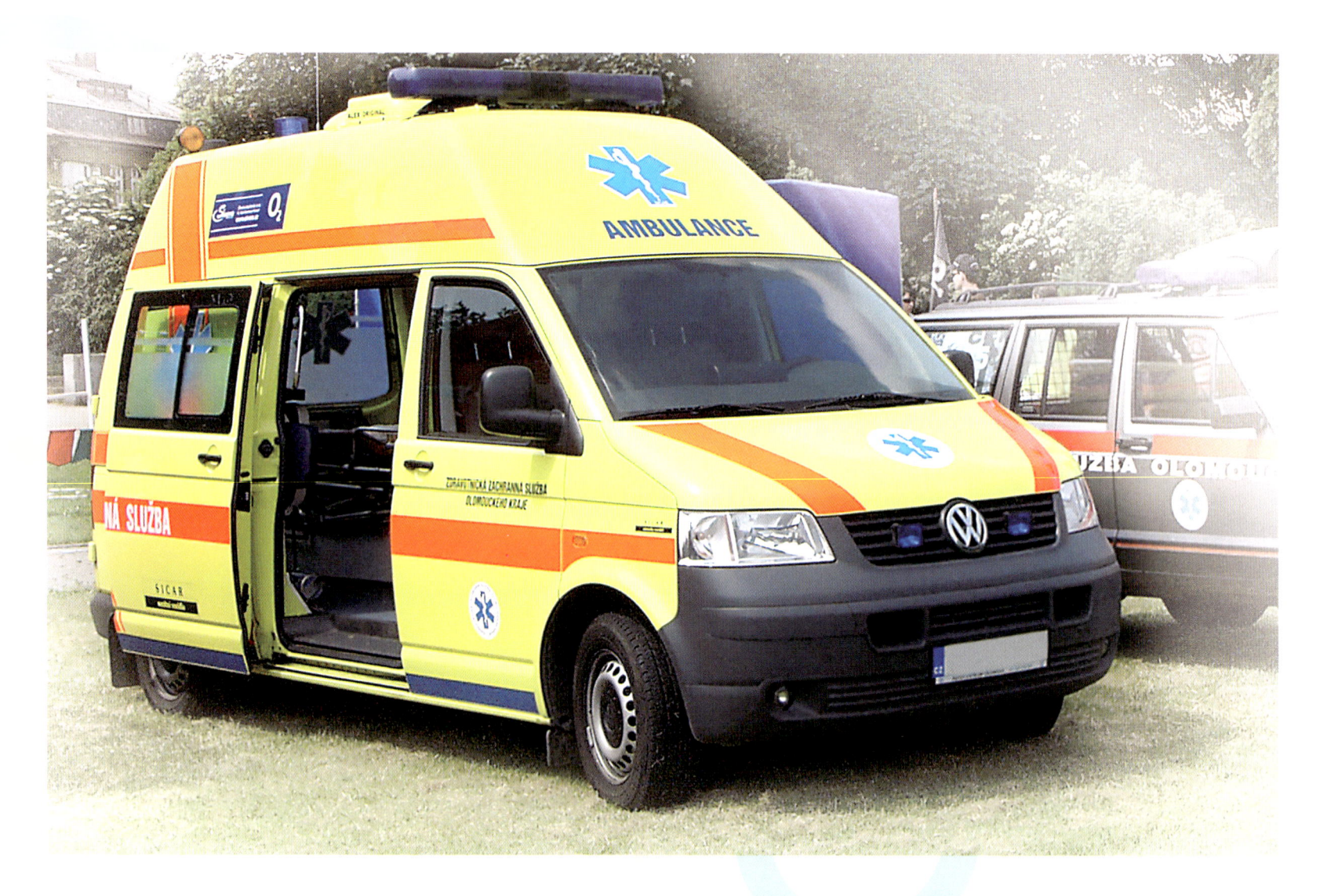

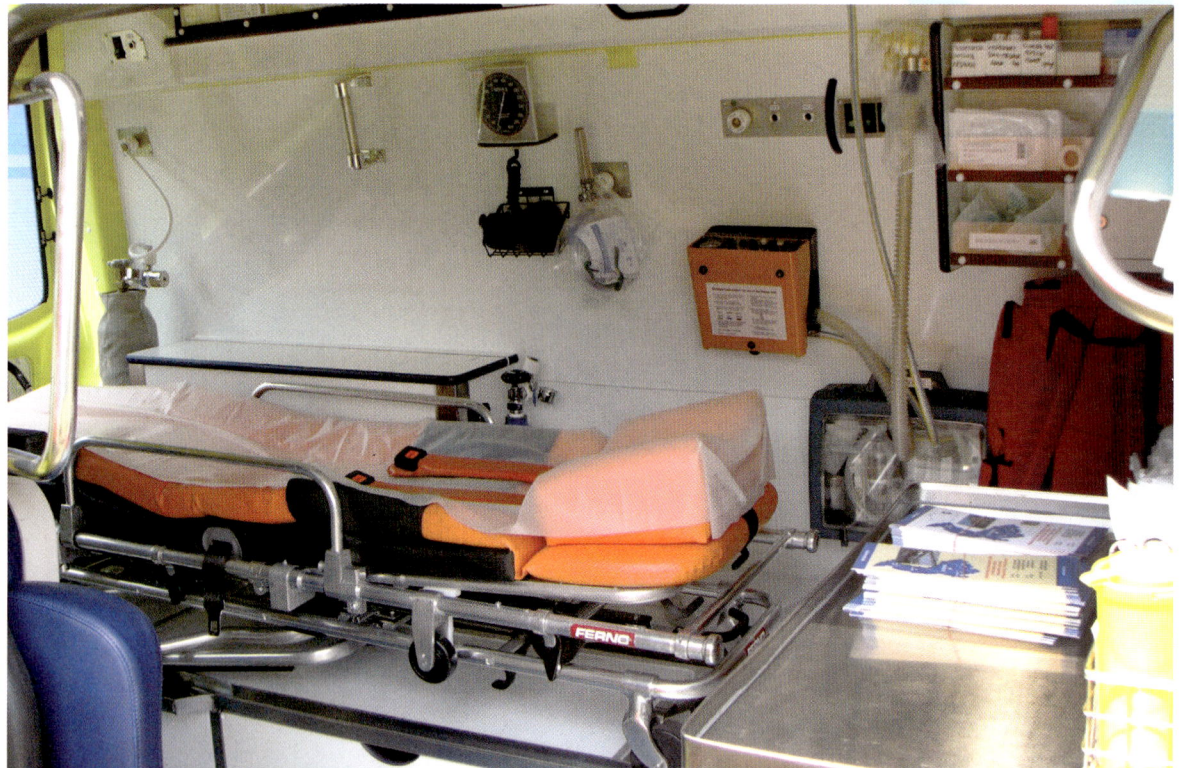

Abbildungen oben und links: Der T5 bleibt auch als Sonderfahrzeug international beliebt. Hier ein Krankenwagen in Tschechien.

Abbildungen auf dieser Seite: Der T5 Transporter der Fa. Exner aus Biberach an der Riß, die „Allzweckwaffe" für den täglichen Einsatz bei der Installation und Wartung von Kühlanlagen und Klimageräten. Der Klimatechniker Hermann Christ (oben links) fährt diesen Wagen seit 2004. Er sagt: „Der T5 ist in jeder Hinsicht super; man hat Platz für Werkzeuge, Kleinteile, Geräte und am Ende des Tages auch für den Verpackungsmüll – und das Fahrverhalten ist auch sehr gut." Der spezielle Regaleinbau mit großen und kleinen Schubfächern ist äußerst praktisch. Wenn größere Teile zu transportieren sind, so ist der große Dachgepäckträger auch noch verfügbar. Der Motor des Bulli T5 hat 105 PS und 1896 ccm Hubraum. Damit schafft er eine Höchstgeschwindigkeit von rund 150 km/h.

Der Bulli T6 – ab 2015
Der Multivan

Seit Juni 2015 ist die sechste Generation der T-Baureihe von Volkswagen auf dem Markt und setzt die erfolgreiche Tradition fort. Der Bulli wurde über die Jahre behutsam modernisiert, ohne seinen Charakter in ein Van-Konzept zu pressen. Er ist sowohl als Transporter, Caravelle, Multivan und auch als Camper California verfügbar und er bleibt als Bulli gut erkennbar.

Diese Optik der Frontseite in Verbindung mit der zweifarbigen Lackierung machte den T6 innerhalb von fünf Monaten zum Erfolgsmodell, sodass bereits im November 2015 das 66.666ste Fahrzeug vom Band lief.

Der Multivan erinnert an seine Herkunft in den frühen fünfziger Jahren. Optisch an die zweifarbige Lackierung des legendären Bulli „Samba" angelehnt, präsentiert sich aber ein neues, markantes Gesicht mit neu gestalteter Front- und Heckpartie.

Das Heck des T6 Multivan im neuen Design mit markanter Optik

Der T6 Multivan ist ein vielseitiger Begleiter für die verschiedensten Anforderungen in geschäftlicher und privater Nutzung. Seine Flexibilität und Vielseitigkeit sind quer durch alle Gesellschaftsschichten geschätzt und beliebt. Die unterschiedlichen Ausstattungslinien mit vielen technischen und optischen Gestaltungsmöglichkeiten lassen kaum Wünsche offen und das geräumige Platzangebot überzeugt durch sein flexibles Raumnutzungskonzept. Der Multivan unterstützt Kleinunternehmer, Großfamilien, Sportvereine und Reiselustige in allen Vorhaben gleichermaßen. Modernste Assistenzsysteme und leistungsfähige Motoren sind weitere Vorzüge des Fahrzeugs, das für jedwede Anforderung speziell ausgestattet werden kann.

Ein Blick in das Cockpit des T6 Multivan zeigt die übersichtliche Anordnung aller Steuerungsinstrumente mit der Schaltautomatik.

Zweimal Bulli Rot-Weiß: der T1 „Samba" von 1951 und der T6 Multivan von 2015

Besonders beliebt sind die zur Markteinführung angebotenen zweifarbigen Sondermodelle namens „Generation SIX". Sie basieren auf dem Multivan Comfortline und sind um einige Ausstattungsmerkmale erweitert, die den Wagen erheblich aufwerten. Optional sind insgesamt vier Zweifarblackierungen mit farblich abgestimmten Dekorelementen an der Schalttafel sowie die 18-Zoll-Leichtmetallräder im Retrodesign mit zwei verschiedenen Farbgebungen erhältlich.

Der T6 Multivan als zweifarbiges Sondermodell „Generation SIX" in Silber-Blau-Metallic-Lackierung

Der T6 Transporter

Schon als 1947 der kompakte Lieferwagen entstand, brachte Volkswagen die Bedürfnisse von engagierten Kleinunternehmern mit dem T1 auf den Punkt. Seitdem hat das Prinzip der kundenorientierten Vielseitigkeit und Flexibilität oberste Priorität. Das macht den Bulli aller Generationen so erfolgreich. Neben dem natürlichen technischen Fortschritt setzt auch der T6 Transporter das um, was die professionellen Kunden aller Branchen von ihm erwarten.

Der Transporter glänzt durch innovative Lösungen, die für die Profis im alltäglichen Geschäft wichtig sind. Egal was der Job auch für Anforderungen stellt, der Transporter bietet die perfekte Ausstattung. Allein zehn Varianten garantieren den perfekten Zugang zum Innenraum. Die Heckklappe bei allen Modellen mit Normal- und Mittelhochdach ist Teil der Serienausstattung. Mit einer großen Öffnungshöhe ermöglicht sie ein bequemes Be- und Entladen. Serienmäßig ist die Metallheckklappe beim Kastenwagen und beim Kombi mit großem Rückfenster verglast. Der Transporter kann mit Normal- und Mittelhochdach und auch mit Heckflügeltüren ausgestattet werden. Diese sind wahlweise verblecht oder verglast und auf Wunsch mit einem Öffnungswinkel von 250 Grad erhältlich.

Der Antrieb und die Motorisierung der unterschiedlichen Typen und Modelle des Transporters kann ebenfalls ganz individuell an alle Bedürfnisse angepasst werden. Ob Diesel- oder Benzinmotor, Schalt- oder Automatikgetriebe, zwischen 64/87 und 150/204 kW/PS ist alles möglich. Die Motoren verfügen meist über eine Direkteinspritzung und eine Abgasturboaufladung.

Verschiedenste Modellausführungen und Branchenanwendungen für den Transporter unterstreichen die von Anfang an gewohnte Vielseitigkeit und Flexibilität auch beim Bulli T6. Die Fotos zeigen nur einige Beispiele.

Handwerksunternehmen sind mehr denn je auf schnelle Materialbeschaffung angewiesen. Mit dem T6 Transporter ist das kein Problem.

In vielen Branchen ist heute Flexibilität und ständige Präsenz vor Ort unabdingbar. Das rollende Büro macht es möglich.

Der T6 Transporter als Rettungswagen und vielseitiger Mannschafts- und Ausrüstungstransporter bei der Feuerwehr

Eilige Transporte von Stückgütern sind für viele Branchen überlebenswichtig. Der T6 Transporter mit seitlicher Schiebetür auf der Beifahrerseite und Heckklappe oder Heckflügeltüren garantiert einen schnellen und einfachen Zugang zum Laderaum.

Im Hoch- und Tiefbau sowie im Gartenbau sind auch leichte Pritschenwagen mit kippbarer Ladefläche gefragt. Im Bildvordergrund ein T6 mit Doppelkabine für bis zu sechs Personen und verkürzter Ladefläche. Hinten rechts ein normaler Pritschenwagen mit einfacher Fahrerkabine für drei Personen.

Der T6 California

Im Jahr 1988 kam der erste offizielle Camper von VW auf den Markt, damals noch auf der Basis des etwas kastigen T3 mit Heckmotor. Die Verkaufszahlen des California vom Typ T 3 bis T5 steigerten sich ständig und die Erwartungen an den T6 waren hoch.

Nach der Markteinführung des T6 Multivan im Juni 2015 startete auch der T6 California mit etwas Verspätung Ende August 2015 beim Caravan-Salon in Düsseldorf durch. Inzwischen hat sich auch dieser bestens etabliert und überzeugt Bulli-Freunde wie Camper gleichermaßen.

Die T6 California Modelle „Beach", „Coast" und „Ocean" einfarbig lackiert. Diese gibt es aber auch in den klassischen Zweifarbvarianten wie beim Multivan.

Den Urlaub in rollenden vier Wänden bietet der T6 California in drei verschiedenen Varianten. Es gibt das Einstiegsmodell „Beach", die mittlere Ausstattungsvariante „Coast" und das Luxusmodell „Ocean".

Schon beim California Beach zeigt sich, dass Camping auch ohne viele PS oder üppige Vollausstattung möglich ist. Der 75/101 kW/PS starke Dieselmotor, gekoppelt an ein fünfgängiges Schaltgetriebe, reicht für eine Geschwindigkeit von fast 160 km/h. Eine serienmäßige Berganfahrhilfe mit 250 Newtonmetern Drehmoment macht den Camper nicht nur für den Urlaub flott.

Die beiden Modelle „Coast" und „Ocean" sind noch erheblich stärker motorisiert und komfortabler ausgestattet. Doch wie alles im Leben hat dies auch seinen Preis. Auf die Möbelzeile mit Kühlschrank, Kocher und Spüle sowie Schrank- und Stauraum muss man beim „Beach" leider verzichten. Auch eine Heizung wird nur gegen Aufpreis geliefert, und mit weiteren Extras kann man den Preis des „Beach" beliebig weiter in die Höhe treiben.

Doch Campingmodelle auf Basis des T6 gibt es nicht nur von VW, sondern auch von diversen Herstellern, die sich auf die Ausstattung hochwertiger Camper spezialisiert haben. So auch die Fahrzeugmanufaktur Exploryx aus Isny im Allgäu. Diese kreierte den „Exploryx Bike & Sleep" auf Basis des VW Bus T6.

Dem Hersteller war neben einer edlen Optik auch viel Stauraum wichtig. Daneben wurde eine sichere Unterbringung von zwei Mountainbikes im Innenraum mit höchster Priorität umgesetzt. Ausgestattet ist das 110 kW/150 PS starke und 4,90 Meter lange Basisfahrzeug mit dem aufstellbaren California-Schlafdach. Exploryx hat dem Wagen einen Echtholz-Teakboden spendiert.

Ebenso wurde dem „Exploryx Bike & Sleep" eine edle Möbelzeile mit reichlich Stauraum eingebaut. Der Fahrer- und der Beifahrersitz sind drehbar. Hinter dem Fahrersitz befindet sich eine Arbeitsplatte, ein Tisch ist in der Schiebetür untergebracht. Des Weiteren sorgt eine Kompressor-Kühlbox mit 40 Liter Inhalt für einen gut gekühlten Reiseproviant.

Der „Exploryx Bike & Sleep" mit stabiler Halterung für Mountainbikes

Der Camper „Exploryx Bike & Sleep" auf Basis des VW T6

Die Reisenden

Der Bulli ist zum Reisen da. Nicht umsonst machte er schließlich Karriere als Reisemobil, als Camper (auch wenn er nur ganz kurz so heißen durfte). Seine Zuverlässigkeit, sein liebenswertes Image, seine Geräumigkeit und nicht zuletzt seine weite Verbreitung, für die auch das durchdachte Innenleben sorgt, machen ihn zum perfekten Wagen für die Fahrt ins Grüne, den Wochenendausflug, die Ferienfahrt oder die Weltreise. Und Reisende soll man nicht aufhalten. Doch unsere beiden lassen sich für einen Plausch bei einem Kaffee gerne mal aufhalten. Sie kommen aus Wattenscheid bei Bochum und heißen Hermann und Angela.

Ziemlich weit im Norden – immerhin ist der Polarkreis markiert in Norwegen. Einer der Punkte „ganz oben" auf der Karte, die unsere Reisenden besuchten.

Bei meinen Recherchen zu diesem Buch musste ich unweigerlich auf einen Bulli T2 in Wattenscheid stoßen. Dieser Bulli gehört Hermann Hülder und Angela Feller, die mit diesem Gefährt über 30 europäische Länder zwischen Griechenland und Norwegen bzw. Frankreich und Polen bereisten und dabei annähernd 200.000 Kilometer mit dem guten Stück zurückgelegt haben.

So war es nur normal, dass ich Kontakt zu den beiden aufnehmen musste und sie in Wattenscheid besuchte. Es herrschte dann auch gleich eine sehr offene und gastfreundliche Stimmung und ich fühlte mich sofort wohl bei den beiden. Angela sagte mir, dass das Schönste auf ihren Reisen immer die Begegnung und die Gastfreundschaft mit und bei den Menschen gewesen sei. „Der Bulli hilft natürlich immer sehr bei der Überwindung von Hemmschwellen und man kommt gleich ins Gespräch mit den Leuten."

Dieser Bulli T2 ist ein Westfalia Camper des Baujahres 1979 mit Automatik-Getriebe und fährt sich „wie Butter", wie Hermann mir versichert. „Ich habe den Bulli 1999 mit einer orangefarbenen Volllackierung gekauft, die ich aber 2009 in die typische Zweifarbenlackierung in Orange und Weiß zurückverwandelt habe. Das Orange des Bulli ist ein echter Eyecatcher und ermuntert die Leute, uns anzusprechen. So ergeben sich immer viele Kontakte und Gespräche und manchmal auch echte Freundschaften."

Was Hermann und Angela auf ihren Reisen alles erlebt haben, kann man hier gar nicht wiedergeben. Da war fast alles dabei, was das Leben auf Reisen an schönen oder auch weniger schönen Überraschungen bereithält.

Die 300.000 Kilometer sind erreicht, das entspricht rund siebeneinhalbmal der Strecke um die ganze Erde – doch diese wurden fast alle auf Reisen quer durch Europa auf den Tacho gefahren.

Eine Reise nach Kalifornien? Dazu muss man nicht über den Großen Teich, es reicht ein Abstecher in die Region nordöstlich von Kiel.

Die Automatic-Schaltung im T2 Bulli ist recht selten, aber Hermann Hülder möchte diese nicht missen.

Die Reisenden

„Ob es eine kaputte Benzinpumpe in Norwegen oder ein undichter Bremsschlauch in Spanien war, ob es die vielen zwischenmenschlichen Begegnungen mit Polizei- und Zollbeamten waren, oder Tramper, die eine Mitfahrgelegenheit suchten. Auch die vielen Einheimischen, die uns sehr gastfreundlich aufgenommen und uns oft mit Rat und Tat geholfen haben – es waren immer die Menschen und die Menschlichkeit, die uns auf unseren Reisen begeisterten. Oft waren die Menschen bettelarm und doch im Herzen so reich", schwärmt Angela.

„Im Herbst 2012 haben wir uns vorgenommen, eine Reise entlang der deutschen Grenze zu machen und diese zu dokumentieren. Wir haben schon einige Teilstrecken im Süden, Südwesten und Nordosten Deutschlands bereist und es sind auch hier wieder die Begegnungen mit Land und Leuten, die es uns angetan haben. Einmal ganz davon abgesehen, dass Deutschland auch ein Traumland ist und so viele unterschiedliche Landschaften und Mentalitäten in sich vereint wie kaum ein anderes Land dieser Größenordnung", erzählt Hermann mit leuchtenden Augen.

Ich habe bei meinem Besuch in Wattenscheid zwei sehr liebenswerte Menschen kennengelernt, die ich hoffentlich noch öfter mit ihrem Bulli treffen werde. Vielleicht treffen Sie ja auch irgendwann einmal auf die beiden Bulli-Tramper und kommen mit ihnen ins Gespräch.

Aus all meinen Begegnungen und Erfahrungen kann ich nur sagen: Bulli-Fahrer sind grundsätzlich sehr freundliche und weltoffene Menschen, die immer hilfsbereit und sehr kontaktfreudig sind.

Auch der beste Bulli mag mal nicht. Stattdessen gönnt er sich lieber einen Aufenthalt in der warmen Werkstatt, lässt sich bei Ölwechsel und Inspektion verwöhnen, vielleicht den einen oder anderen Schlauch austauschen. Die Reisenden störts nicht sonderlich, schließlich lernt man auch bei unfreiwilligen Stopps Land und Leute näher kennen. Manchmal sogar besser als beim Vorbeifahren.

Das kommt ihm aber spanisch vor: Nein, Hermann Hülder ist nicht am Polarkreis, sondern an der französisch-spanischen Grenze in den Pyrenäen. Da gibt es auch im Sommer manchmal Schnee.

Man sieht auf den ersten Blick, dass dieser Bulli weit gereist ist.

Auf einem Campingplatz irgendwo zwischen Spanien und dem Nordkap sitzen Angela und Hermann in der Abendsonne vor ihrem Bulli.

Freundlich wirkt der bunte Bulli auch auf der Fähre.

Auch in Bayern wurden Hermann und Angela mit ihrem T2 Bulli von den Einheimischen in ihrer traditionellen Tracht freundlich begrüßt.

Fremde Länder, fremde Sitten, fremde Architektur. Auf diesem Bild hat es den Bulli ins Baltikum verschlagen.

Der Enthusiast:
Manfred Klee und der VW Bus

Das ist die Geschichte des Urvaters der Bulli-Bewegung. In seinem Club in Koblenz nennen sie ihn nur „Präsident", und das kommt nicht von ungefähr. Doch der Reihe nach. Manfred Klee, Baujahr 1955, aufgewachsen in Mayen in der Eifel und Sohn eines Lehrer-Ehepaars, war schon immer ein sehr aufgeschlossener und unternehmungslustiger Mensch. Einfach ein charismatischer Macher, der nicht still sitzen kann.

Während des Studiums zum Diplom-Ingenieur als Architekt und Städtebauer verdingte er sich als Taxifahrer. 1976 hatte er die entscheidende Begegnung mit einem 1963er Luxusbus, der heute als T1 „Samba" bekannt ist. Dieser stand mit Motorschaden bei einem Abschleppdienst einfach so rum. Klee zögerte nicht und kaufte ihn, auch wenn der elegante rot-elfenbeinfarbige Bulli bei seinen Eltern nicht für Begeisterung sorgte. Ein VW-Bus signalisierte damals Reisen, Fernweh, Ausdruck einer ganz bestimmten Lebensart und Individualismus. Heute fährt man quer durch alle Bevölkerungsschichten mit dem Bulli.

„Damals fuhr ich mit dem Samba durch ganz Europa – nach Saintes-Maries-de-la-Mer in Südfrankreich, über die Alpen und bis zum Nordkap", erinnert er sich wehmütig.

Der „Eastside" – so benannt nach Klees Mayener Stammkneipe und mit deren Werbeschriftzug auch dekoriert – war es auch, der ihn später zur Anschaffung von mehr als einem Dutzend Bullis der T1- und T2-Generationen inspirierte.
Kultfahrzeuge, die es zum Teil auch zu wahrer Berühmtheit durch Film und Fernsehen, ja sogar zum Hauptdarsteller im Musical „Hair" im Juli 2014 auf der Koblenzer Festung Ehrenbreitstein brachten. Doch dazu im Nachfolgenden mehr.

Der VW-Bus-Club Koblenz

Der Ursprung zur Gründung eines VW-Bus-Clubs in Koblenz geht auf das Frühjahr 1971 zurück. Um Roland Eisner hatte sich eine Handvoll wilder, junger Typen gruppiert, die mit ihren alten T1-Bullis Amsterdam als Wochenendziel an oberster Stelle hatten.

Dann, es war der 6. Februar 1981 in einer abseits gelegenen Waldgaststätte in Koblenz, nahm Manfred Klee das Zepter in die Hand. Mit einer buchstäblich „angezettelten" Aktion – er hatte in den Wochen zuvor einen kleinen Einladungszettel unter die Scheibenwischer vieler VW-Busse geklemmt – trafen sich fast 30 Bulli-Freunde aus dem Raum Koblenz. Es war die offizielle Geburtsstunde des VW-Bus-Clubs Koblenz, des somit ältesten VW-Bulli-Clubs Deutschlands! Dieser kleine, aber tatkräftige Club veranstaltet in der Folge bis zum Jahr 2004 zehn Mal die legendären VW-Bus-Deutschland-Treffen. Ohne Statuten, offiziell gewählten Vorstand und kostenpflichtige Mitgliedschaft stellt der VW-Bus-Club Koblenz immer wieder Gewaltiges auf die Beine und ist Vorbild für weitere Clubgründungen in ganz Deutschland und Europa.

Getragen und geführt wird der Club maßgeblich von Manfred Klees Innovationsbegabung. Immer wieder wird durch die Realisation kurioser Einfälle für Aufsehen und Staunen gesorgt. Dem Macher ist keine Idee zu verrückt, dass er nicht versuchen würde, sie gemeinsam mit seinen Club-Kameraden umzusetzen. Bei ihm gilt immer: „Geht nicht, gibt's nicht". Seinem Kopf entspringen Ideen wie die Präsentation des weltweit einzigen schwimmfähigen VW-Busses auf einem VW-Bus-Deutschland-Treffen. Wo? – natürlich auf Rhein und Mosel gleichzeitig. Oder man lässt beweisen, dass ein VW T4 mit Allradantrieb nicht nur einen, sondern gleich 20 hintereinander-gekettete VW-Busse abschleppen kann. Manfred Klee und seine Freunde lassen VW-Busse fliegen, an Helikoptern von der Koblenzer Festung Ehrenbreitstein zum Deutschen Eck oder gar am Heißluftballon. Zum 50. Jubiläum des Produktionsbeginns des VW-Transporters chartert man eine komplette Eisenbahnstrecke im Brohltal und lässt per historischer Dampflok die Tagesproduktion von 1950 medienwirksam transportieren. Ein Gag der selbst bei VW in Hannover und Wolfsburg für Aufsehen sorgte und sehr gefiel.

Nur die begrenzte Zeit jedes Tages kann die Aktivitäten Manfred Klees und seiner Clubfreunde einschränken. Er ist der Macher und versteht es, Menschen zu überzeugen und zu motivieren. Seine persönlichen Kontakte reichen bis in die Rheinland-Pfälzische Landesregierung und in das Top-Management des VW-Konzerns. So war er es auch, der jahrzehntelang den Hersteller VW zu überzeugen versuchte, mehr für die Traditionspflege zu tun. In den frühen 1980er-Jahren verfügte Volkswagen nur über eine überschaubare Anzahl von historischen VW-Transportern, man griff verstärkt auf die Sammlung von Manfred Klee zurück. Spät, jedoch nicht zu spät, erkannte man auch in Hannover die großartige Ausstrahlung und Wirkung, das positive Image und die einzigartige Beliebtheit des alten Bullis. Dies war ein Verdienst von Manfred Klee, der im Interview in diesem Zusammenhang auch Herrn Siegfried Geisler (ehemals VW-Nutzfahrzeuge Marketing) als seinen Förderer und Mitstreiter benennt.

Der Koblenzer VW-Bus-Club weiß sich in Szene zu setzen. Bei einem der Bulli-Treffen wurde am Deutschen Eck kurzerhand mal ein Bulli an den Kran gehängt. Aufsehen garantiert!

Der Enthusiast:

„Sir Adam" – Der jugendliche Alte

Die Lebensgeschichte von „Sir Adam", einer 1960er Doppelkabine mit Pritsche und nur 348 km Gesamtlaufleistung ist unglaublich. Sie begann im April 1960 beim Volkswagenhändler Jack Adams in Wuppertal-Barmen. Diesem und Manfred Klees Freund Adam Balkanli verdankt der Bulli auch seinen adligen Kosenamen „Sir Adam". Mit Kilometerstand 003 wird das Fahrzeug an einen Werkzeugmacher aus Remscheid ausgeliefert.

Da dieser wohl ahnte, dass seine Frau mit diesem Kauf nicht einverstanden sein würde, so die Sage, ließ er ihn gleich hinter einer Wand in seiner Werkshalle verschwinden, sodass der Bulli vor den Blicken seiner Frau gut versteckt war. Wie das Kundendienstheft belegt, kommt der lichtgraue Wagen mit seinen 30 PS zwei Jahre später mit einem Kilometerstand von ganzen 118 km wie aus dem Ei gepellt zur ersten Inspektion in die VW-Werkstatt nach Wuppertal. Bewegt wurde er also in den ersten zwei Jahren nur sehr wenig, und auch in der folgenden Zeit wird er offensichtlich nur sehr selten zu Ausfahrten genutzt. Sowohl der Innenraum der sechssitzigen Doppelkabine als auch die Pritsche sehen nicht so aus, als hätten sie jemals Mensch und Material befördert. Alles ist wie neu! „Sir Adam" verschwindet wohl wieder im Versteck.

Doch schon bald nach der ersten Inspektion 1962 verstirbt der Besitzer, dessen Frau nach wie vor nichts von der Existenz des Bullis weiß. So verbringt dieser einen viele Jahre andauernden Dornröschenschlaf hinter der Sichtschutzwand der Werkshalle. Bis dann am 8. Dezember 1988 ein amerikanisches Militärflugzeug „Typ A-10 Thunderbold II" in Remscheid abstürzt. Sechs Menschen sterben dabei und ganze Straßenzüge liegen in Schutt und Asche.

Doch der Doppelkabiner steht, zwar verstaubt, doch unbeschadet an seinem Platz in der Werkshalle. Der Neuwagen wird entdeckt. Über einige Umwege erfährt Manfred Klee vom Fund dieser Rarität, denn die „Buschtrommeln" in der Bulli-Szene sind weithin hörbar. Der VW-Bus-Fan aus Koblenz zögert nicht lange, fährt nach Remscheid und kauft den Wagen mit dem wenig „bewegten" Vorleben und erweckt diesen am 9. Dezember 1989 bei einem Kilometerstand von 345 km zu neuem Leben. Seitdem wird das gute Stück nur noch bei besonderen Anlässen und schönem Wetter präsentiert.

Heute ist aus einem lichtscheuen Dornröschen-Auto ein Medienstar geworden, trotzdem behielt „Sir Adam" seine unauffällige bescheidene Art. Seinen ersten öffentlichen Auftritt hatte er auf dem Volkwagen-Messestand, anlässlich der Constructa im Jahr 1990 in Hannover. Dorthin geschafft wurde er natürlich per Trailer, wie er alle Bewegungen (zum Erhalt seines Tachostandes) nur auf fremder Achse über sich ergehen lässt. Inmitten von Dutzenden fabrikneu vor sich hin glänzender Ausstellungsfahrzeuge stand er dort im jungfräulichen Glanz der 60er-Jahre genauso neuwertig wie auch alle anderen. Hier zeigte sich natürlich auch sehr eindrucksvoll die automobile Evolution der Nutzfahrzeuge von Volkswagen.

Radio RPR und der Südwestfunk entsandten Reporter, die sich in Manfred Klees Garage herumdrückten, ihn die Geschichte zum wiederholten Male schildern ließen und ihn baten, „doch mal den Motor anzumachen, so als akustischen Gag für die Reportage".

Irgendwie muss auch die Deutsche Welle von „Sir Adams" Lebensgeschichte Wind bekommen haben, denn Manfred Klee erreichte ein Anruf aus Australien, wonach dort über diesen Sender vom unglaublichen Autoleben berichtet worden sein soll. Dann der erste Fernsehauftritt, Südwestfunk 3, Sendung „Schnick-Schnack", moderiert von Mario Schmiedecke. Ergebnis: Der Moderator fährt inzwischen natürlich auch einen Ur-Bulli.

Viele Zeitschriften standen Schlange, um Fotos von „Sir Adam" zu erhaschen. Auch die „Gute Fahrt" entsandte ihre Redakteure, die stundenlang fotografierend auf der Festung Ehrenbreitstein um den Doppelkabiner schlichen. Der VW-Szene-Fotograf Dieter Debo tat das Gleiche bei einem späteren Fototermin am selben Ort. Auch „Käfer-Foto" aus Schweden meldete sich. Wenig später stand der Fotograf Ulf Kaijser vor Klees Haustür. Man dekorierte für das Fotoshooting die Ladefläche des Doppelkabiners (siehe Foto oben) mit Naturalien und Waren vom Wochenmarkt, also Körben und Kisten mit Salat, Gemüse, Kartoffeln, Eiern und ähnlichem.

Eine der renommiertesten VW-Zeitschriften in den USA, die „Hot VW's", bezeichnete in einem ausführlichen Artikel mit vielen Fotos „Sir Adam" als die wohl weltweit besterhaltene T1-Doppelkabine. Auch das Allrad- und Nutzfahrzeugmagazin „4-Wheel-Drive" aus Schweden sowie die Käfer-Revue veröffentlichten seitenweise Aufnahmen von „Sir Adam".

So wundert es einen nicht, dass es selbst im VW-T1-verrückten Japan Leute gibt, die am Kauf der Edel-Kabine „Sir Adam" ernsthaftes Interesse bekundeten und bereit wären, den Gegenwert eines Einfamilienhauses auf den Tisch von Manfred Klee zu legen. Doch an so etwas denkt er nicht.

Der Enthusiast:
Der Hubsteiger oder die Geschichte vom Zufall

Zufällig stieß Hajo Ross, Vizepräsident des VW-Bus-Clubs Koblenz, auf eine 1960er Pritsche und bot seinem Freund Manfred Klee diese zum Kauf an. Dieser hatte auch die geforderte Summe verfügbar und erwarb dieses schöne Stück. Der Zufall wollte es auch, dass sich nach einem Schreiben ans VW-Werk herausstellte, dass die Pritsche mit der Fahrgestellnummer 625 529 nicht irgendeine Pritsche ist, sondern eine ganz besondere.

Am 13. September 1960 nämlich wurde das besagte Fahrzeug nach Umrüstung durch die Firma Ruthmann in Gescher zu einem „Steiger-Bus" für etwa drei Jahre in den Vorführwagenpark des Volkswagenwerks übernommen. Doch leider war der Original-Hubsteiger beim Erwerb im Januar 1992 am Fahrzeug nicht mehr vorhanden und ein solches „Gerät" ist für einen ernsthaften Sammler nur dann interessant, wenn alle originalen Zubehörteile vorhanden sind.

Die Kontaktaufnahme zum Hubsteiger-Hersteller Ruthmann ergab, dass diesem die Firma Haak im süddeutschem Raum bekannt war, die noch über die gesuchte V-60-Steigeranlage verfügte. Und ebenso zufällig stellte sich heraus, dass die Firma Haak diesen Steiger auch veräußern wollte, und die Krönung der Zufälle wollte es, dass genau dieser Hubsteiger auch tatsächlich derselbe war, der ehemals auf der Pritsche montiert war. Was ist das? Zufall oder Schicksal?

Wenn also Fahrzeug und Hubsteiger nach fast 30 Jahren wieder vereint sind, so darf man zufrieden aus 7,50 Meter Höhe (so hoch lässt sich die Arbeitsbühne herausfahren) auf ein „bewegtes" Autoleben blicken. Manfred Klee ist es zu verdanken, dass Bulli und Hubsteiger wieder vereint sind. 2006 hat er schweren Herzens das Gefährt in den Besitz der Firma Adam GmbH, Hebebühnenverleih, in Kahl am Main übergeben. Dort dient es seither als historisches Werbe- und Messefahrzeug, sodass es nun auch im hohen Alter noch seinen Dienst verrichtet und die Faszination eines Bullis der ersten Generation ausstrahlt. Bei der Firma Adam wurde der Bulli auch originalgetreu restauriert und von seinem ursprünglichen Hellgrau in die Firmenfarben Rot und Weiß umlackiert.

Das ist der Hubsteiger in der Zeit als Vorführwagen bei VW in Hannover Anfang der 1960er-Jahre.

"Florian", der älteste einsatzbereite VW-Transporter

Dies ist die Geschichte des ältesten noch einsatzbereiten VW-Transporters aus dem Werk Hannover. Er war von 1956 bis 1993 bei der Freiwilligen Feuerwehr in Hachenburg im Westerwald im Einsatz und verbringt seither sein Rentnerdasein in der Sammlung von Manfred Klee im Hofgut Eveshausen.

Begonnen hatte alles Ende 1992 mit einem Anruf der Feuerwehr Hachenburg beim VW-Bus-Club Koblenz. Kurz darauf knüpfte Manfred Klee Kontakt zu den Hachenburgern Floriansjüngern und erfuhr telefonisch mehr: Baujahr 1956, ca. 16.000 km. „Den haben wir schon ewig. Da war auch schon einer, der wollte das Getriebe haben. Uns steht er nur in den Füßen rum." Nebenbei erfuhr Manfred Klee vom Wehrführer, dass dieser Oldtimer-Bulli 1981 vom Volkswagenwerk mit einer Urkunde als „der älteste in Hannover produzierte VW Transporter" ausgezeichnet wurde. Das ließ ihn aufhorchen.

Das ist der „Florian", ein klassischer T1-VW-Bus von 1956. Er diente 36 Jahre als Mannschaftstransporter bei der Feuerwehr in Hachenburg (Westerwald).

Ein Besichtigungstermin wurde vereinbart. Tage später lag Manfred Klee mit seinen besten Klamotten in der feudalen, neuen Hachenburger Feuerwehrhalle unter dem Objekt seiner Begierde. Am ersten Querträger hatte sich offensichtlich ein Feuerwehrmann mit Schweißübungen versucht, die uralte 6 Volt Batterie hatte ihre Kraft ausgehaucht, und angesichts eines nicht verfügbaren originalen Auspufftopfes hatte man seinerzeit einen Käferauspuff mit zwei Endrohren angebracht, dafür die Sickenstoßstange „einfach zweifach" aufgeflext.

Doch außer den leichten Gebrauchsspuren einer nicht immer leichten Vergangenheit des alten Fahrzeuges war der Ur-Bulli in erstaunlich guter Verfassung.

Die Feuerwehrmänner berichteten: „Ach, was haben wir da alles reingeknallt, auf wie vielen Feuerwehrfesten sind wir damit gewesen. Oh Mann, wir waren manchmal blauer als sein Blaulicht ...". Das Ergebnis: „Florian", so nennt Manfred Klee ihn, ist mittlerweile fester Bestandteil seiner Bus-Sammlung geworden.

Der Enthusiast:

„Clino", das weltweit einzige original erhaltene Clinomobil

Ursprünglich tat das Clinomobil, Baujahr 1963, seinen Dienst als Notarzt-Fahrzeug auf dem Betriebsgelände der Farbwerke Hoechst (bei Frankfurt/Main).

Das Fahrzeug hat eine komplette OP-Ausstattung, mit dem noch heute eine Erstversorgung von Verletzten und die Durchführung von Notoperationen möglich wäre.

Der Erhaltungszustand des „Clino" mit allen Ausrüstungsteilen ist wirklich beeindruckend. Das Fahrzeug enthält einen OP-Tisch, der gleichzeitig auch als Trage verwendet werden kann, komplette OP-Instrumente und ein Sauerstoffbeatmungsgerät auf dem Stand der medizinischen Technik von 1962. Der Clino-Bulli hat einen für die damalige Zeit starken 44-PS-Motor, der ihn auf gute 105 km/h brachte, wenn er im Einsatz mit Blaulicht durch die Straßen fegte.

Im Jahr 1992 wurde das Ersthelferfahrzeug vom Ortsverein des DRK Höchst übernommen und tat auch dort noch gute Dienste, bis es in den Besitz des Bulli-Sammlers Manfred Klee kam. Da das Clinomobil „nur" auf dem Betriebsgelände der Farbwerke und später im Stadtbereich von Höchst eingesetzt wurde, hat es einen Originalkilometerstand von ganzen 9300 km, was für sein Alter wirklich sehr wenig und neben regelmäßiger Pflege auch der Grund für den guten Erhaltungszustand ist (siehe auch Seiten 49 und 69).

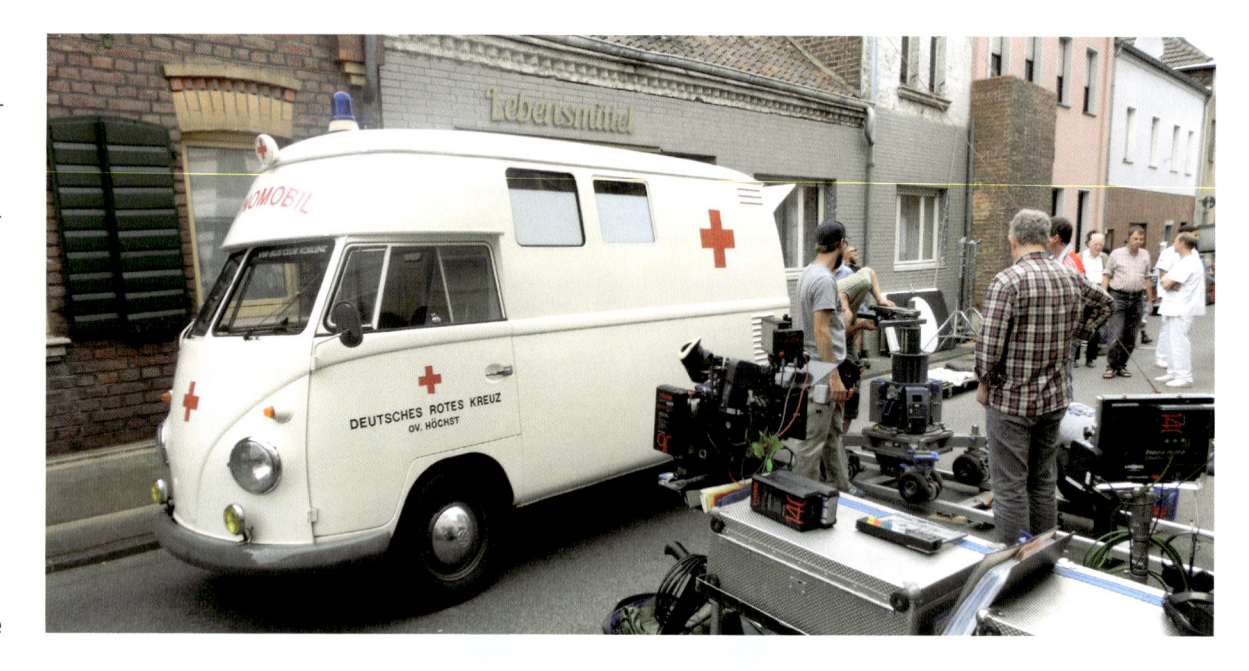

„Clino" als Fernsehstar

Manfred Klee erzählt: „Für die TV-Sendung ‚Objekt TiV', die einen VW-Bus-Verrückten und dessen Sammlerleidenschaft zum Thema hatte, holte ich sogar bei strömendem Regen mein Clinomobil aus der Halle. Laut Regisseur hatte der alte Krankenwagen auf die Kamera zuzufahren, um dann haarscharf an dieser vorbeizurauschen – natürlich mit Martinshorn und Blaulicht. Doch die einseitig ziehenden Bremsen des Clinomobils hätten fast eine Katastrophe verursacht. Nur durch einen beherzten Sprung in den Straßengraben retteten sich Kameramann und Tonassistent. Mit bis zum Dach gezogener Handbremse kam ich in Stuntman-Manier später zum Stehen, fünf Meter vor der vielbefahrenen Hunsrückhöhenstraße." Klee weiter: „Für die ARD-Produktion ‚Der Verlorene' mit Charly Hübner, die Anfang September 2014 abgedreht wurde (siehe Abb. oben), transportierte ich das Clinomobil per Trailer zum Drehort bei Köln. Der Hauptdarsteller erlitt laut Drehbuch einen Herzinfarkt, und sollte von den beiden als Sanitäter gekleideten Komparsen mit der Trage ins Wageninnere gehoben werden. Da die beiden Film-Sanitäter das nicht schafften, sprang ich persönlich, ebenfalls in passender Kluft, als Statist ein und half beim Einladen des Hauptdarstellers." Der Manfred Klee von der Regie verordnete Haarschnitt im Stil der 1960er-Jahre, sorgte bei ihm und seinem Umfeld noch längere Zeit für Gesprächsstoff.

„Eis-Franz", der Eisverkäufer von Griesheim

Im März 2010 war im Griesheimer Anzeiger zu lesen: „Eis-Fränzje – adieu!" Es war die Geschichte der beliebten Eismacher-Familie Grandke, die über drei Generationen Darmstadt-Griesheim und das Hessische Ried mit leckeren Eis-Spezialitäten versorgte. Ihr Verkaufswagen war ein umgebauter Bulli T2a Kastenwagen mit Hochdach und entsprechenden Kühlgeräten und Eisbehältern im Inneren des Busses.

Auch war davon zu lesen, dass Franz sen. öfter Gratis-Eis an Kinder ausgab, die z.B. Eispapierchen eingesammelt und bei ihm abgegeben hatten – zu seiner und der Kinder Freude. Von „Fränzjes" gütiger und freundlicher Art, die er auch seinem Sohn Franz jun. vererbt hatte, wurde erzählt. Wehmütig nahm man damals Abschied von einer langen, geliebten Eis-Familien-Tradition. Die letzten vier Jahrzehnte verdienten die Grandkes ihr Geld mit einem VW-Bus, dem „Eis-Franz-Bulli".

Am 11. Dezember 2011 wurde dieses Stück Griesheimer Geschichte rückwärts auf einen Auto-Transporter gerollt.

Der alte, gelbe T2a-Hochdach-Bus mit Aufschrift „Eis-Franz" verließ die Stadt in Richtung Nordwesten.

Das über 40 Jahre alte Eis-Auto der Familie Grandke wechselte von der Hofmannstraße in Darmstadt-Griesheim in die Sammlung von Manfred Klee, der versprach: „Bei uns wird der Bus neben zahlreichen seltenen VW-Transportern der Wirtschaftswunderzeit einen würdigen Platz finden und so der Nachwelt erhalten bleiben."

Hajo Ross, Vizepräsident des Koblenzer Bulli Clubs, fügte hinzu: „Nicht auszudenken, wenn der ‚Eis-Franz'-VW-Bus in die falschen Hände gefallen wäre. Bestimmt hätte der neue Besitzer daraus ein Wohnmobil ‚gezimmert' und den Oldtimer auf einer Fahrt in den Surf-Urlaub verschlissen, dann wäre die Griesheimer Eis-Tradition unwiederbringlich verloren gegangen."

Franz Grandke jun., der Sohn von „Eis-Fränzje", meinte beim Abschied mit einer Träne im Auge, es sei wie mit einem alten Pferd, das jahrzehntelang treue Dienste geleistet hat – das bringe man ja auch nicht zum Rossschlächter, sondern es bekäme noch sein Gnadenbrot. In diesem Falle eben im „VW-Bus-Himmel" der außergewöhnlichen Sammlung von Manfred Klee.

Der Enthusiast:

Die Mayener „Eastside-Story"

Man schrieb das Jahr 1976, als alles begann. Manfred Klee hatte die erste Begegnung mit einem VW Bus T1 „Samba", der seinem Leben eine ganz besondere Richtung gab. Der Bus stand mit Motorschaden bei einem Abschleppdienst einfach so rum, weil sein Besitzer die Rechnung fürs Abschleppen nicht bezahlen konnte. Spontan und kurz entschlossen kaufte ihn Manfred Klee. Für ihn ist sein „Eastside" noch heute ein ganz besonderer Bus.

Es war sein erster VW-Bus, und seine Leidenschaft für dieses Fahrzeug entbrannte lichterloh.

Der begnadete Automechaniker und „Schrauber" ist Manfred Klee sicher nicht, doch er ist ein Macher, Manager und Motivator. Er versteht es, seine Umwelt mit seinem Enthusiasmus anzustecken und viele Leute für sich und seine Ziele zu begeistern. So wird auch der Samba „Eastside" von seinen Freunden mit den ölverschmierten Fingern wieder flottgemacht.

Begeistern kann Manfred Klee auch die Wirtin seiner Stammkneipe „Eastside" in Mayen/Eifel, Heidi Schmidt, die ihm eine Reise ans Nordkap sponsert. Als Gegenleistung wird der Samba mit der Werbeaufschrift „EASTSIDE" beidseitig dekoriert. Die Buchstaben schneidet der Vater seiner damaligen Freundin aus, die rot-weißen Gardinchen näht die Mutter der Freundin.

So geht es los in Richtung Norden – bis ans Nordkap fahren Manfred Klee und sein Freund Thomas. Doch der Wagen macht Probleme und verliert ständig Öl. „Wir hatten wenig Geld, also haben wir kanisterweise Altöl reingekippt." Geschlafen wurde auf der Liegefläche im hinteren Teil des Busses. Dieser hat ein über fast die ganze Länge reichendes Schiebedach wie ein Cabrio, sodass man im Sommer nachts die Sterne zählen kann.

Manfred Klee fuhr mit seinem Samba „Eastside" fast durch ganz Europa – von Südfrankreich bis zum Nordkap. Doch Ende der 1970er-Jahre ist Schluss. Der Samba hat einen Motorschaden, und Manfred Klee muss ihn schweren Herzens verkaufen. Dann findet sein Herz zunächst eine andere Liebe. Er heiratet und gründet eine Familie. Doch seinen Bus kann er nicht vergessen, und so überredet er den Besitzer, ihm den Wagen wieder zurückzuverkaufen. Nach 15 Jahren gelingt es ihm. So ist der „Eastside" also heute wieder in seinem Besitz.

Den Bus zu restaurieren kam für Manfred Klee nie in Frage, weil jeder Kratzer die Erinnerung an eine wunderschöne Zeit in sich birgt. Also trägt der „Eastside" nach wie vor die Spuren eines bewegten Bulli-Lebens. Der alte, etwas vergammelte Bus ist etwas Besonderes und wird in seinem Original-Zustand erhalten. Kein Wunder also, dass „Eastside-Mayen", mit all seiner Patina, seinem Rost und den Beulen, als der authentischste VW-Bulli ausgewählt wurde, um die Flower-Power-Ära im Rock'n'Popmuseum in Gronau zu repräsentieren.

Dann, im Sommer 2014, wird der schon fast legendäre „Eastside-Bus" fast zum Hauptdarsteller der Dietze-Inszenierung des Musicals „Hair" auf der Koblenzer Festung Ehrenbreitstein. Er ist „Hippie-Home" der Schauspieler und zeitgenössische Requisite zugleich, er brettert durch eine Pappwand und kommt kurz vor dem Orchestergraben zum Stehen und erntet dabei teilweise stehenden Szenenapplaus. Dabei erlebt am Steuer sein alter und neuer Besitzer, Manfred Klee, mit Langhaarperücke und Nickelbrille in Hippie-Montur, eine Zeitreise in seine Jugend: jede Menge junger Leute, meist Mädels, in seinem „Eastside".

Und nach der „Hair"-Vorstellung treffen sich all die alten Kumpels von früher, erkennen und begrüssen sich und fallen sich nach über drei Jahrzehnten um den Hals.

Mitten in der Wiedersehensfreude zupft jemand Manfred Klee am Ärmel. Hinter ihm steht eine Dame mit Original-„Eastside"-Getränkekarte von damals in der Hand. Es ist Heidi Schmidt, die damalige Besitzerin des Eastside-Pubs, die „ihren" Eastside-Bus vor 35 Jahren zum letzten Mal sah.

Szene mit dem Samba „Eastside" aus dem Musical „Hair" in der Inszenierung von 2014 auf der Festung Ehrenbreitstein.

Ein Wiedersehen nach 35 Jahren. Manfred Klee und Heidi Schmidt und im Hintergrund der T1 Bulli „Eastside".

Der Enthusiast:

„Elfriede" und Joseph Klees Colonialwaren oder die Vererbung des Bulli-Virus

Eines der Glanzstücke in Manfred Klees Bulli-Sammlung ist ein T1 Kastenwagen namens „Elfriede". Gekauft hat er diesen Bulli 1987 in sehr schlechtem Zustand in Bönebüttel. „Elfriede" heißt der Bus deshalb, weil zu dieser Zeit der Radiosender SWR 3 immer und immer wieder den Sketch brachte: „Elfriede, sach doch was! – Elfriede nickt mit 'm Kopp!" Auf der langen Fahrt von Koblenz in den hohen Norden und wieder zurück lief immer wieder „Elfriede".

Die Restaurierung dieses ehemaligen Feuerwehrkastenwagens, Baujahr 1956, brauchte viel Zeit und die Hilfe vieler guter Freunde. Als dann im Januar 1990 das Werk endlich vollendet war, gab es eine Fete für alle Helfer. Gleichzeitig wurde der damals drei Monate alte Sohn Joseph Klee mittels Schenkungsurkunde zum Besitzer dieses Fahrzeugs. Wann gab es je einen jüngeren Bulli-Besitzer?

In Erinnerung an den Großvater von Manfred bzw. Urgroßvater von Joseph Klee wurde eine Werbung der früheren Colonialwarenhandlung des Großvaters in Mayen auf dem Bus angebracht. Heute ist Sohn Joseph genauso dem Bulli-Virus verfallen wie sein Vater. Kein Wunder, wenn einem schon ein Bus in die Wiege gelegt wird. Ob Sohn Joseph auch mit den rund 3000 Bulli-Modell-Fahrzeugen spielen durfte, hat Manfred Klee nicht verraten. Doch welcher Vater wollte dies seinem Sohn schon verbieten?

Aufnahme der Colonialwarenhandlung um 1920 mit Joseph Klee dem Älteren und davor (als Fotomontage) Bulli „Elfriede", Baujahr 1956 aus Wolfsburg.

Familie Klee mit dem drei Monate alten Joseph und allen Bulli-Freunden bei der Fete im Januar 1990.

Der „kleine" Joseph rund 24 Jahre später mit seiner „Elfriede".

Gehasst und geliebt – Der Dehler Optima 5.4

Das „Dickschiff", die „Club-Galeere", der „rollende Hammerhai", die „mobile Hässlichkeit", das „graue Dixi-Häuschen". Alles Schimpfworte, die Manfred Klee im Bezug auf seinen fünf Meter vierzig langen Dehler Optima 5.4 schon zu hören bekam. Dabei ist der T4 mit Dehler-Ausstattung ein sehr komfortables Wohnmobil.

War es der Neid der „normalen" VW-Bus-Kumpels, die irgendwo zwischen den Sitzen oder gar unter der Spüle ihren Porta (transportable Chemietoilette) durch die Gegend fahren, nie frisch geduscht dem Bulli entsteigen, die sich nur für Bettenbau oder Wohnen entscheiden können, die Begriffe wie Bewegungsfreiheit nicht kennen oder die ihren Kühlschrank nur öffnen können, wenn vorher der halbe Bus umgebaut wurde, die Platzangebot und Komfort gleichsetzen mit Unwirtschaftlichkeit?

Manfred Klee gibt offen zu: „Etwas unförmig ist er schon, eben gewöhnungsbedürftig für das Auge aller Bulli-Oldtimer-Fans." Aber er liebt ihn, seinen 5.4 (steht für Aufbaulänge und nicht Hubraum!) mit sparsamem, wenn auch schwachem 78-Diesel-PS-Motor. Und er nutzt seine „Präsidentensuite" und mutet ihr gelegentlich auch sehr viel zu. Ob Zwei-Tonnen-Autotrailer mit Ersatzbus am Haken oder auch sonst im alltäglichen Gebrauch.

Von der drehbaren Spülbeckenabdeckung bis hin zur Liegewiese unterhalb der „Pantri" (kommt aus dem Schiffsbau und bedeutet so viel wie „die Füße verschwinden beim Schlafen unter der Küche"). Die Erfahrungen des leider (am Schiffsbau!) in Konkurs gegangenen Herstellers Dehler und deren konsequenter Umsetzung in dem Volkswagen-Transporter mit langem Radstand sind einzigartig. Es gab seinerzeit fast nichts Vergleichbares. Schon im Jahr 2000 ist der Dehler – besonders der 5.4 Optima – ein Klassiker, etwas Besonderes: ein Reisemobil der Extraklasse mit Warmwasserboiler für Dusche und Küchenzeile, separates Wasch- und Spülbecken, beheizbaren Frisch- und Abwassertanks. Der Optima 5.4 wurde auf T4 Basis mit langem Radstand und Heckverlängerung gebaut, im Jahr 2000 das komfortabelste Wohnmobil, das aus einem Bulli T4 werden konnte (vgl. S. 158).

Abbildungen rechts oben und unten: Der Dehler Optima 5.4 und ein Blick auf die Küchenzeile mit Kochstelle und Spülbecken im Inneren.

Der Enthusiast:
Der „Pablo" oder Picasso im Bulli

Die Geschichte der Entdeckung eines T1 Bulli, heute „Pablo" genannt, begann während des Urlaubs von Manfred Klee in Südfrankreich bei Saintes-Maries-de-la-Mer im September 1993. Dort sah er ihn zufällig auf einer Wiese stehen und fotografierte ihn auch (siehe Fotos rechte Seite). Auf Umwegen fand er heraus, wer der Besitzer des Busses war. Es war der seit 1949 in Frankreich lebende ukrainische Maler Nicolas Barrera (früher Nicolai Drozd), der den VW Bus, ein 1965er Westfalia Camper, auch als „rollendes Altelier" nutzte. Barrera lebte ab 1965 in Saintes-Maries-de-la-Mer und war mit Pablo Picasso befreundet, der gelegentlich auch mit seinem Bulli fuhr.

Ein erster Brief an den Maler und seine deutschstämmige Frau Inken Drozd-Barrera am 28.12.1993 eröffnet die Kaufabsichten von Manfred Klee. Nach diversem Briefwechsel und Klärung der Vorgeschichte geht der Bulli am 18.3.1995 in den Besitz von Manfred Klee über und wird am 22.3.1995 mit Kennzeichen „MYK-JK 765" zugelassen. Im April und Mai 1995 werden Schweißarbeiten und eine Neulackierung vorgenommen. Am 31.5.1995 hat der Bulli seinen ersten TV-Auftritt im Südwestfernsehen bei einem Truckerfest. Im August 1995 erhält der Bus bei einem Kilometerstand von 26.751 einen neuen Motor.

In der Folge entwickelt sich eine freundschaftliche Beziehung zwischen Familie Klee und Familie Drozd-Barrera. Im Jahr 2006 verstirbt Nicolas Barrera. Seine Frau Inken eröffnete 2007 in Weil am Rhein eine Vernissage mit den Werken ihres verstorbenen Mannes. Für Manfred Klee und seinen Sohn Johannes Grund genug, den inzwischen nach Pablo Picasso benannten Bulli „Pablo" von Koblenz mit dem Trailer nach Weil am Rhein zu transportieren und ihn bei der Ausstellung zu präsentieren. Emotionen pur.

Im August 2008 erhält der Bulli den begehrten „H-Status" als Oldtimer und das neue Kennzeichen „MYK- I 965 H".

Manfred Klees Sohn Johannes – der zukünftige Besitzer des Bullis „Pablo".

Abbildungen oben und rechts: So stand er da, der „Pablo", auf einer Wiese in Saintes-Maries-de-la-Mer, als Manfred Klee ihn zum ersten Mal sah.

So steht der T1 Camper „Pablo" heute da – nach vielen hundert Stunden liebevoller Restaurierung.

Der Sammler

Meist beginnt es aus Zufall. Sturm und Drang der Jugend, verrückte Studentenzeit. Spontane Ausflüge, wilde Nächte, Camping in fernen Ländern. Der fahrbare Untersatz: ein Bulli. Gebraucht gekauft, ein wenig Rost (oder ein wenig mehr), ein Klappern hier und da, dann und wann ein heftiges Rumpeln. Dann springt er irgendwann nicht mehr recht an und wird verkauft. Doch die Sehnsucht bleibt. Ein neuer Bulli muss her – von dem man sich dann nicht mehr trennt. Und weil er so schön ist, braucht er auch Gesellschaft.

Hajo Ross mit seinen drei Bullis aus den ersten drei Baureihen T1, T2, T3. Die Wagen haben viel gesehen, aber heraus sticht dann doch der T1. Mit der Verewigung der Stars auf seiner Fronthaube ist er definitiv ein Einzelstück und außerdem fast schon selbst ein Prominenter.

Der blau-weiße T1 Bus von 1966.

Der nicht mehr ganz originale Lack. Modifiziert wurde er durch Autogramme.

Also noch 'nen Bulli daneben geparkt. Vielleicht noch einer? Schließlich ist die Technik wieder weiter. Aber nein, die alten bleiben da, die kommen nicht weg, werden nicht verkauft. Sind schließlich Klassiker und das Herz hängt dran. Auch wenn es der Partner vielleicht nicht versteht. So geht es dem einen oder anderen. Nennen wir ihn den „Sammler".

Unser Sammler heißt Hajo Ross, aus Koblenz-Asterstein. Er ist der Clubkamerad unseres Enthusiasten Manfred Klee und Vizepräsident des VW-Bus-Club Koblenz. Hajo Ross ist auch ein „Opfer" der „Zettelaktion" von Manfred Klee geworden und so zum Koblenzer Bulli-Club gekommen.

Bei Hajo Ross begann alles mit nassen Füßen. Die hatte er nämlich in seiner Jugend, als er oft und gerne beim Zelten war. Doch förderten Wind und Wetter und das nicht allzu dichte Zelt bald die Sehnsucht nach einem festeren Dach über dem Kopf.

Sein erstes Fahrzeug war dann auch ein Bulli, ein T2 mit Trennwand und einem gewaltigen Dachgepäckträger von vorn bis hinten. Mit diesem ging's ab in den Norden, nach Schweden. Mit dabei waren Fahrräder auf dem Dach und eine „riesen Standheizung". Und ein paar kleine Matratzen zum darauf schlafen.

Dann kam das erste Sammelobjekt: Ein T1 von 1966 mit 1,5 l Hubraum, der sich noch heute im Originalzustand befindet.

Als Hajo Ross gemeinsam mit seinem Freund Manfred Klee zu den „Hit-Giganten" fuhr, wurde er auf das Fahrzeug angesprochen und er durfte Katja Ebstein, Jan Josef Liefers und Wigald Boning mit dem weiß-blauen Bulli auf die Bühne chauffieren. Diese verewigten sich mit Autogrammen und machten den Bulli damit zum absoluten Einzelstück.

Durch diesen Zettel an der Windschutzscheibe kam auch Hajo Ross zum Bulli-Club Koblenz.

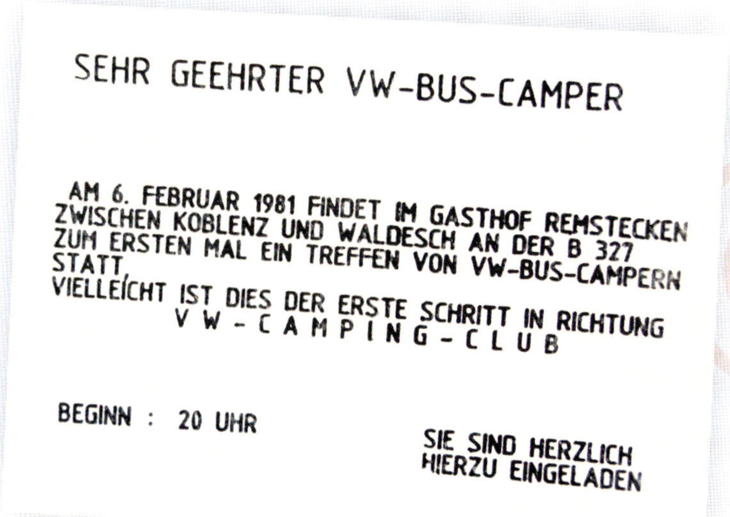

SEHR GEEHRTER VW-BUS-CAMPER

AM 6. FEBRUAR 1981 FINDET IM GASTHOF REMSTECKEN ZWISCHEN KOBLENZ UND WALDESCH AN DER B 327 ZUM ERSTEN MAL EIN TREFFEN VON VW-BUS-CAMPERN STATT.
VIELLEICHT IST DIES DER ERSTE SCHRITT IN RICHTUNG
V W - C A M P I N G - C L U B

BEGINN : 20 UHR

SIE SIND HERZLICH HIERZU EINGELADEN

Der Sammler

Dann kam ein T2 dazu, Baujahr 1978, mit dem großen Motor und mit Katalysator. Letzterer wurde für die USA gebraucht – der Vorbesitzer hatte den Wagen als Urlaubsauto in den Staaten genutzt. Heute kommt es uns seltsam vor, aber der Kat musste ausgebaut werden, als der Bulli nach den Trips von Alaska bis Mexiko wieder europäischen Boden befuhr. Wir waren noch nicht so weit mit dem Umweltschutz, damals. Auch heute noch spult dieser Bulli Meilen um Meilen ab auf seinem Tachometer.

Abbildungen auf dieser Seite: Der T2 Westfalia Camper mit Faltdach von 1978 ist auch heute noch ständig unterwegs. Unten und rechts sieht man die klassische Westfalia-Camperausstattung aus dieser Zeit.

Schließlich entbrannte das Sammelfieber so richtig, und unser Sammler machte sich auf die Suche nach einem VW mit festem Hochdach. „Was der Markt so hergibt" war die Devise, und schließlich wurde Hajo Ross fündig: Ein T3 California mit Stufenhochdach sollte es werden. Dieser ist jedoch nicht mehr ganz original: 2010 bekam er einen moderneren und wirtschaftlicheren Motor aus einem Subaru Legacy mit 136 PS. Der T3 mit seinen knapp zwei Tonnen war unserem Sammler dann doch „völlig untermotorisiert".

Und die Kraft braucht er auch, der Gute, denn es geht immer wieder ins englische Malvern, auf das größte VW-Treffen der Welt, wo jährlich Tausende Bullis zu bewundern sind. Alles Gute, lieber Sammler. Mögen Ihnen noch viele wunderbare Bullis begegnen und der eine oder andere den Weg in Ihre Garage finden.

Abbildungen oben und unten: Der schicke T3 California unseres Sammlers ist eine Augenweide für jeden T3-Liebhaber, auch wenn dieser an Motor und Bremsen modifiziert wurde. Das sieht man ja nicht.

Die Liebenden

Wer seinen Bulli liebt – der heiratet ihn. Oder jedenfalls: in ihm. Er (oder sie) lässt sich wenigstens von einem Bulli zur Kirche fahren, im Klassiker. Weil der Bulli zur Familie gehört, zur Seele, zum Wohlbefinden. Weil er doch den größten Tag im Leben noch ein Quentchen perfekter macht, oder weil man ihn vielleicht fast so sehr liebt wie den künftigen Ehepartner oder die Ehepartnerin.

Ihr Herz schlägt für den Bulli: die „Liebenden". Hier und heute sind das Michaela und Markus.

Dass im Ruhrgebiet besonders viele Menschen leben, ist hinlänglich bekannt. Dass hier auch besonders viele Menschen mit einer besonderen Vorliebe für technische Einrichtungen, Maschinen und Fahrzeuge leben, ist angesichts der Historie des Ruhrgebietes auch nicht weiter verwunderlich. Ungewöhnlich ist auch nicht, dass zwei junge Menschen wie Michaela und Markus aus Essen sich im Herzen des Ruhrgebietes kennen- und lieben gelernt haben. Doch dass die Braut neben der Liebe zu ihrem Mann auch noch eine Schwäche für Bullis hat, ist schon etwas ungewöhnlich.

So lag es in der Natur der Dinge, dass als Hochzeitsauto für sie nur ein Bulli in Frage kam. Nach intensiven Recherchen im Internet stieß „frau" dann auf Thomas von Thenen, der sie mit seinem gelb-weißen Samba zum Standesamt fahren sollte.

Also wurde im September 2013 der Termin festgezurrt, und nach einigem E-Mail-Verkehr ging es dann im Juni 2014 nach der kirchlichen Trauung zur mittelalterlichen Burg Hardenstein bei Witten, wo die Traumhochzeitsfeier stattfand und Rita und Björn Giesekus diese schönen Hochzeitsfotos mit Bulli gemacht haben.

Herzlichen Glückwunsch!

Die Geselligen

Mit anderen das Hobby teilen – und den Spaß an der Geselligkeit. Freude am Plaudern, Palavern und Fachsimpeln. Sich präsentieren und anderen bei ihrer Präsentation im Publikum zusehen und Beifall klatschen, wo er angebracht ist. Aber auch die Freude am Fahren des Bullis oder mit dem Bulli. Und die Freude am Campen im Bulli. Sie haben einfach alles, was man braucht, um sich Bulli-Freunde zu machen: die Geselligen.

Bulli-Parade beim Treffen in Mörel/Schweiz. Angetreten in Reih und Glied, um sich bestaunen zu lassen.

Eines von vielen regelmäßigen Bulli-Treffen ist das in Mörel im Kanton Wallis in der Schweiz. Die Idee dazu entstand bereits im Herbst 2002. Tom Aebersold und Martin Escher trafen sich bei einem Bulli-Meeting am Schwarzsee. Die beiden hatten jeweils schon kleinere Treffen organisiert und beschlossen ein gemeinsames Bulli-Treffen im Juni 2005 in Mörel durchzuführen. Seither findet das Treffen jedes Jahr am Fronleichnamswochen-ende statt.

Tom Aebersold sagt: „Ich bin davon überzeugt, dass es nicht immer einen Club braucht, der im Hintergrund mitwirkt. Martin Escher und ich haben das ganze auch ohne Club auf die Beine gestellt und das soll auch so bleiben. Doch zu zweit war das ganze ein bisschen viel und wir holten uns mit Fredy Amherd, der seit 2007 zum Team gehört, Verstärkung. Außerdem betreut unser Freund Martin Kaufmann unsere Homepage und viele andere Freunde helfen auch tatkräftig mit. Wir wollen unsere Tage an den Treffen mit Freunden und Kollegen genießen und uns über jeden neuen Kontakt mit Bulli-Fahrerinnen und Bulli-Fahrern freuen."

Treffen sich zwei Bulli-Fahrer auf der Straße, so wird gehupt. Das ist ein ungeschriebenes, aber allgemein anerkanntes Gesetz des Asphalts. Und fahren die beiden dann rechts ran oder auf den nächsten Parkplatz, dann haben wir ein Bulli-Treffen. Natürlich gibt es solche auch organisiert, und es sind nicht zwei, sondern ein paar mehr Bulli-Fahrer, die sich da zusammenfinden und Benzingespräche führen, über Nockenwellen palavern und den Rost in all seinen Daseinsformen verfluchen. Manchmal sind es einige Dutzend, manchmal Hunderte, sogar Tausende.

Das VanFest zum Beispiel, das jedes Jahr im September südlich von Birmingham in Great Malvern stattfindet, ist das größte seiner Art. Bis zu 9000 Busse sollen es sein, die man dort finden kann samt ihren Insassen, die sich zusammenfinden, um sich auszutauschen, um die Fahrzeuge der Nachbarn zu begutachten und zu bestaunen. Eine ganze Blechstadt entsteht, man fährt ja nicht allein, sondern bringt die Familie mit. Bis zu 30.000 Gleichgesinnte sind alljährlich glücklich in Great Malvern. „Das VanFest ist unser Mekka", sagt auch Peter, einer, der schon öfter dorthin pilgerte.

Aber es geht auch beschaulicher. Zum Beispiel in Mörel im Kanton Wallis in der Schweiz, wo 2014 zum 10. Mal das VW-Bus-Treffen anstand. Dort waren es zwar „nur" 158 Fahrzeuge, aber die Themen der Gespräche sind die gleichen wie in Malvern: Auch hier geht es fast nur um den Bulli, seine Stärken, seine Macken und wie man ihn flott hält, den geliebten VW. Dass abends die Swiss Mountain Brass Band spielt und man sich zum traditionellen Raclette-Essen zusammenfindet, ist zwar Lokalkolorit, aber dennoch typisch für Treffen dieser Art. Man macht es sich einfach schön mit den Gleichgesinnten, hat gemeinsam eine gute Zeit und jeder steuert etwas bei.

Übrigens: Es gibt natürlich noch viel mehr Bulli-Treffen überall auf diesem Planeten, fragen Sie doch mal nach bei Ihrem nächsten Bulli-Klub. Irgendjemand nimmt Sie sicher gerne mit zum nächsten Zusammentreffen. Denn so sind sie, die Bulli-Fahrer. Unsere Geselligen.

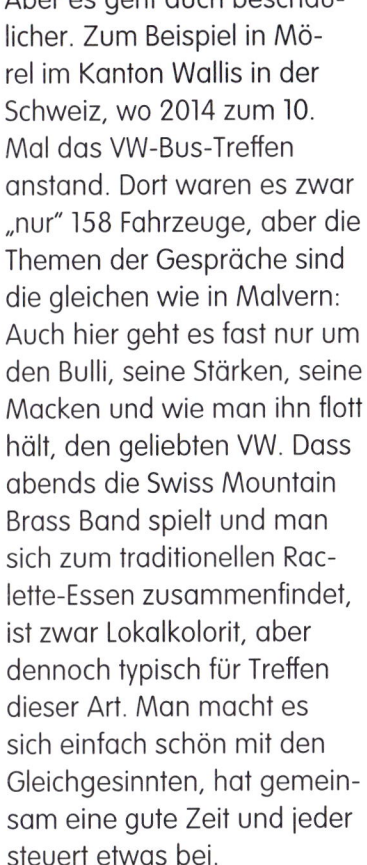

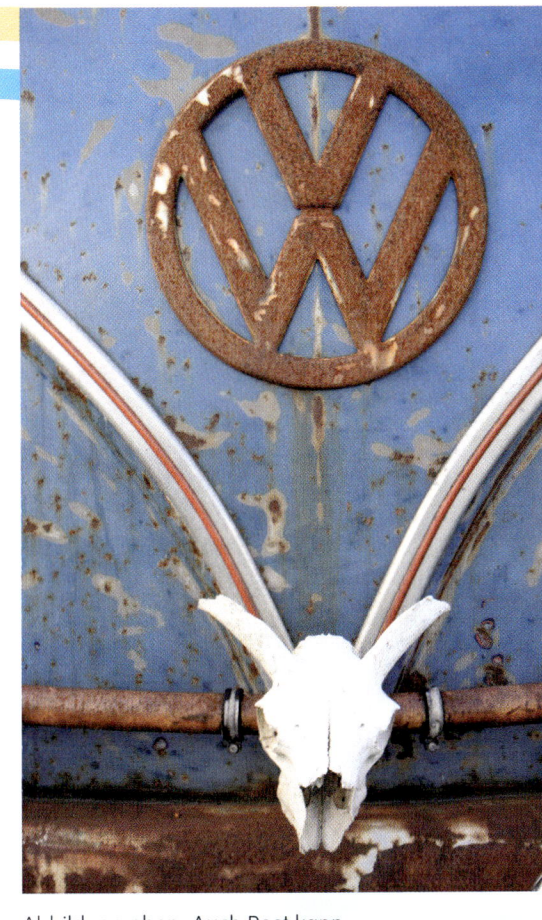

Abbildung oben: Auch Rost kann stylisch sein, wenn die Accessoires stimmen. Obwohl man sich über ihn üblicherweise mehr freut, wenn er fernbleibt.

Die Bulli-Doktoren

Wer seinen Wagen liebt, der schiebt! Was für den Bulli eigentlich nie in besonderem Maße galt, wird auch schon mal Wirklichkeit – vor allem, wenn es um die Klassiker geht, die alten, die begehrten Oldtimer. Denn wenn ein Auto mehr Jahre auf dem Buckel hat als seine auch schon betagten Fahrer, dann kann es schon mal zwicken am Zipperlein. Es gibt in der ganzen Welt viele Spezialwerkstätten für Bulli-Oldtimer. Stellvertretend für alle stellen wir die Herren Sven, Anthony und Olaf von Svan-Classics vor, unsere Bulli-Doktoren.

Sven Fiedler und Vater Olaf transportieren den T1 „Samba" zum OP.

Glücklich darf der sein, der seine Leidenschaft zum Beruf macht. So geht es Sven Fiedler, der seit seiner Kindheit von Oldtimern träumte und jetzt seinen Traum lebt. Seit einigen Jahren ist er erfolgreich in Ternay bei Lyon tätig und restauriert fachkundig und mit großer Leidenschaft mit seinem Freund und Geschäftspartner Anthony Iglesias sowie einigen Mitarbeitern Bullis und andere Oldtimer. Sie suchen und kaufen im Kundenauftrag Oldtimer-Bullis, meist aus Kalifornien, importieren diese und restaurieren sie von Grund auf, sodass sie am Ende praktisch wie neu da stehen. Der hier in den Abbildungen gezeigte zum Beispiel: ein T1 „Samba" mit 23 Fenstern, gebaut im Dezember 1960. Bei diesem Neunsitzer wurde der gesamte Innenraum in den originalen Farbtönen Basaltgrau/Silberbeige neu ausgestattet. Selbst die Sitze wurden von einem Spezialsattler komplett neu aufgebaut und bezogen. Auch der 1,5-Liter-Motor wurde auseinandergenommen und marode Teile ersetzt. Die Karosserie wurde schließlich komplett abgeschliffen und in den Originalfarben Siegellackrot und Beigegrau lackiert. Selbstverständlich funktioniert alles, sogar die alte Borduhr. Rost findet man natürlich keinen mehr. Das gute Stück hat in der Nähe von Stuttgart eine neue Heimat gefunden.

Die Bulli-Doktoren

Alle sechs bis acht Wochen fliegt Sven Fiedler in Richtung Kalifornien, um sich dort nach Oldtimern für seine Kunden umzuschauen. Und manchmal findet er seltene Schmuckstücke wie diesen VW T1 Samba mit 21 Fenstern in der Zweifarblackierung Seeblau/Kumulusweiß.

Sven Fiedlers Vater Olaf, der inzwischen die zweite Werkstatt in Braunschweig leitet, sagt: „Sven war schon als Kind von Oldtimern fasziniert, liebte den Klang der Motoren und freute sich auf jeden Ausflug mit meinem Samba Baujahr 1967."

Sven Fiedlers Geschäftspartner Anthony, auch ein Oldtimer-Enthusiast, ist in Frankreich für Vertrieb, Marketing und Publikation bei Svan-Classics zuständig. Doch auch er legt schon mal Hand an und überzeugt sich, dass alles für die Gesundheit der Bullis getan wird.

Leider können wir hier nicht all die schönen Bullis vorstellen, denen von unseren Bulli-Doktoren schon ein zweites Leben geschenkt wurde. Doch wenn es Sie interessiert, so schauen Sie sich doch einmal im Internet bei „svan-classics.com" alles an. Sven Fiedler gewährt tiefe Einblicke in den „Operationssaal". Er präsentiert die Restaurierung der Bullis sehr ausführlich und mit vielen tollen Fotos. Man wird wahrlich dazu verführt, sich einen so wunderschönen „Alten" anzuschaffen. Svan-Classics macht es möglich.

Ein 1959er T1 Kastenwagen in einem für diesen Typ seltenen Siegellackrot neu lackiert. Er wurde aus Kalifornien importiert und von den „Bulli-Doktoren" zu jugendlicher Kraft neu belebt. Am linken Außenspiegel mit einem Suchscheinwerfer ausgestattet, kann er sich nun auch im norddeutschen Nebel zurechtfinden. Die Felgen sind allerdings alles andere als Originalausstattung. Aber wenn's schön macht?

Es darf auch gern einmal ein T2 sein, vor allem, wenn es ein solcher Prachtkerl in Montanarot ist. 1970 als Siebensitzer mit Mitteldurchgang gebaut und in den originalen Farbtönen Montanarot und Pastellweiß restauriert. Ein toller Bulli mit einem lackierten Armaturenbrett, einer Schlafsitzbank und einem originalgetreuen Autoradio, letzteres allerdings dank Umbau auf höhere Leistung „getunt".

Im Juli 2014 wurde dieser Bulli ausgeliefert: ein 13 Fenster Deluxe in der seltensten existierenden Farbkombination Lotosweiss/Lotosweiss und der Innenausstattung in „Aerobalear". Das Ganze als Siebensitzer „Walk-Through". Dieser T1 wurde an einen Bulli-Fan aus Paris verkauft, der den T1 jedes Wochenende mit der Familie nutzt. Im Bild steht der Bulli allerdings noch vor dem Rathaus in Braunschweig.

Die Abgefahrenen

Ein wenig irre und „abgefahren" ist das Ganze schon. Obwohl es in diesem Falle größten Respekt verdient. Es ist einfach eine verrückte Idee, und für alle, die dabei mitgemacht haben, war es sicher ein großer Spaß. Warum soll man nicht Spaß haben am Bulli? Bullis sollen doch immer Spaß machen – dazu sind die Bullis da.

Jede Öffnung ist sorgfältig ausgespart. Blinker, Scheinwerfer und Kühlergrill sind alle voll funktionsfähig. Der Bulli ist im VW-Museum in Wolfsburg zu besichtigen.

Der Pulli des Bulli braucht zur Wäsche eine ziemlich große Waschmaschine. Bitte nur im Schongang und mit Waschmittel waschen, das die Farben schont.

Ein Auge fürs Detail – Bestrickte Stoßstangen und Radkappen aus Wolle für die Stahlfelgen.

Die „Abgefahrenen" sind ein paar Autobauer aus Suttorf bei Hannover. Sie strickten einen Pulli für den Bulli. Oder vielmehr ließen sie stricken, denn auch wenn ihnen das Schweißen und Spachteln leicht von der Hand geht, hatten sie es nicht allzu sehr mit den textilen Handarbeiten. Aber sie wussten sich zu helfen und fanden Helfer. Besser gesagt: Helferinnen – überall auf der Welt und jeden Alters. Am weitesten entfernt strickte eine Dame in Puerto Varas/Chile, und die jüngste Strickerin war gerade einmal zehn Jahre alt.

Gemeinsam verstrickten diese in sieben Monaten in insgesamt 2500 Arbeitsstunden rund 250 Kilometer Wollfäden, bis der etwa 60 kg schwere Bulli-Pulli fertig war.

Die Wollhaut ist auf einem Überzug angebracht, der mit Magneten auf den Transporterblechen befestigt wird. Auch wenn der Bulli nach wie vor verkehrstüchtig ist und auf die Straße will, sollte er wohl bei unstetem Wetter eher in der Garage bleiben. Würde sich die Wolle mit Regenwasser vollsaugen, stiege das Gewicht des T3 deutlich an, und entweder würde es ihm den Pulli vom Leib reißen oder aber Fahrwerk und Stoßdämpfer aufs Heftigste belasten.

Aber, im Ernst, was denken Sie? Ist doch recht abgefahren, das Ganze, oder nicht? Doch immerhin hat der Strickbulli es bis ins VW-Museum in Wolfsburg geschafft, wo man ihn bewundern kann.

Register

Achse   17, 19, 41, 44, 45, 67, 76, 96, 107, 132
Allrad   16, 79, 96, 107, 110, 124, 125, 137, 163, 197, 199
Armaturen   17, 35, 51, 57, 115, 145, 221

Ben Pon   16, 17, 18, 19, 20
Blinker   34, 35, 43, 49, 52, 68, 69, 78, 81, 93
Boxermotor   34, 77, 78, 79, 92, 104, 109, 121, 126, 133
Bulli-Kult, Kultfahrzeug   29, 196

Camper   27, 36, 61, 64, 65, 85, 89, 97, 109, 116, 117, 135, 153, 174, 179, 190, 191
Campingbox   29, 37, 60
Campingmobil, Campingwagen   61, 64, 86, 117, 121, 151, 163, 190, 191
Caravelle   11, 109, 112, 113, 122, 136, 137, 139, 142, 144, 145, 156, 157, 163, 170, 171
Clinomobil   49, 69, 202
Clipper   77, 80, 81

Doppelkabine   11, 25, 27, 38, 46, 47, 71, 77, 90, 91, 107, 111, 120, 121, 125, 128, 136, 159, 163, 166, 169, 181, 191, 198, 199

Elektromotor, -antrieb   14, 79, 96, 177

Faltdach   64, 65, 77, 119, 153, 177, 212,
Felgen   55, 64, 109, 121, 143, 166, 172, 173, 181, 220, 223
Fenster   33, 36, 39, 51, 55, 56, 58, 61, 75, 77, 105, 129, 138, 177, 219, 220, 221
Feuerwehr   29, 68, 93, 96, 157, 182, 191, 201, 206

Getriebe   16, 37, 78, 88, 96, 125, 153, 165, 191

Handbremse   96
Heckklappe   33, 38, 39, 49, 51, 57, 58, 177, 181
Heckscheibe   77
Hochdach   39, 48, 49, 69, 77, 86, 97, 108, 117, 136, 137, 138, 152, 154, 158, 179, 203, 213
Hubdach   62, 86, 117, 125
Hubsteiger   68, 70, 200

Kastenwagen   25, 32, 33, 37, 39, 40, 41, 48, 49, 55, 69, 76, 78, 92, 93, 97, 107, 117, 118, 122, 123, 136, 137, 142, 156, 163, 166, 167, 203, 206, 220
Kombi   11, 29, 33, 37, 39, 50, 51, 52, 53, 55, 70, 77, 79, 81, 83, 97, 107, 109, 113, 117, 136, 137, 142, 144, 154, 155, 157, 159, 163, 166, 167, 169, 170, 175, 189, 221
Krankenwagen   25, 49, 67, 68, 69, 96, 154, 191, 202

Lackierung   33, 36, 57, 70, 71, 93, 109, 156, 173, 181, 190, 208, 220
Luftkühlung, luftgekühlt   78, 79, 92, 105, 109, 126
Lüftungsschlitze   24, 35, 75

Multivan   95, 110, 111, 114, 115, 125, 136, 146 ff, 163, 172, 173, 186, 187
Museum   53, 96, 106, 129, 205, 222, 223

Plattenwagen   17, 19
Polizeifahrzeuge   29, 68, 94, 99, 154, 155
Porsche, Autohersteller   71, 126
Porsche, Ferdinand   13, 14, 15, 19
Porsche-Motor   179, 126, 179, 180
Pritschenwagen   37, 38, 44, 45, 45, 46, 47, 68, 71, 77, 90, 91, 94, 107, 111, 118, 120, 121, 122, 123, 136, 137, 141, 163, 166, 168, 169, 183, 168, 169, 183, 191, 198, 200
Prototyp   12, 13, 20, 21, 23, 24, 25, 96, 126, 127, 141

Reisemobil, Wohnmobil   53, 60, 62, 64, 86, 107, 117, 150, 153, 158, 177, 178, 179, 190, 191, 207

Scheibenbremse   78, 88, 139
Scheinwerfer   35, 71, 82, 107, 113, 140, 142, 148, 149, 165, 167, 169, 171, 181, 220, 222
Schiebedach   36, 57, 58, 204
Schwimmwagen   16
Sitze   35, 55, 57, 61, 76, 109, 110, 111, 112, 142, 145, 146, 148, 175, 177, 219
Sonderfahrzeuge   66, 68, 70, 93, 94 ff, 100, 126, 128, 154 ff, 180 ff
Sondermodell   36, 37, 56, 57, 77, 79, 111, 121
Stoßstange   37, 47, 78, 81, 93, 157, 201
Syncro   110, 111, 123, 124 ff, 137, 147, 163

Transporter   12, 18, 19, 22, 27, 32, 37, 38 ff, 44, 49, 66, 67, 68, 74, 76, 77, 78, 79, 80, 96, 109, 112, 122, 133, 136, 141, 142, 143, 149, 154, 156, 163, 166, 168, 171, 182, 185, 188, 189, 197, 201, 203, 207
Trommelbremse   34, 76, 78, 139

Verkaufswagen,   48, 68, 203
VW Käfer   11, 12, 13, 14, 15, 17, 18, 20, 23, 24, 27, 32, 34, 82, 105, 201

Wasserkühlung, wassergekühlt   79, 104, 109, 123
Winker   34, 35, 43, 44, 49, 69
Wohnmobil, Reisemobil   53, 60, 62, 64, 86, 107, 117, 150, 153, 158, 177, 178, 179, 207

Zylinder   77, 79, 88, 126, 137, 139, 145, 165

Bildnachweis:

Ampnet/ABT Sportsline GmbH, Kempten 180, 181 o.; ACElenkrad Archiv 35u.m., ampnet.de 160u., 163 o., 173 o., 173 m., 175 o., 175u.l., 175u.r., 178; 179u., 181u., 181 m.; Autofocus.de 186o., Bundesarchiv Koblenz 14o.l., 77o.; camping-club.de 160 o.; Danbury Motorcaravansltd. Bristol 176, 177; Deutsche Post 156 o.; DRK-Region Hannover e.V. 144; Erich Westendar, pixelio 67 o.; Exploryx/Ampnet 191 alle; Feuerwehr Kulmbach 182 o., 182u.; KFZ Service Röben GmbH 161u.; GeeSpot, pixelio 81u.; greystyle.com 148; Hermann Hülder und Angela Feller, Wattenscheid 192-195 alle; Josef Jung, Limburg 5o., 9u., 30o.r., 31u.r., 32, 41u., 49u., 56, 63o., 69u., 69u.r., 72 o.l., 78, 87u., 91, 92, 93; 97m., 97u.l., 97u.r., 105u., 113o., 115u., 117o., 117m., 121o., 137, 151o., 151u., 161m.r., 167o., 168, 169u.l., 171o., 171u., 185 alle; 203, 206u.r., 208; JUMP-Grafik 55o., 102, 126, 172; KFZ Service Röben GmbH 183u.; Klaus-Dieter Häring, Elbgrund 34, 35 o., 64u.l., 64u.r., 99 o., m.l., u.l.; 103u.r., 108, 109o., 131u.l., 135o., 135u., 138; 149o., 158o.r., 158o.l., 158u.l., 189m.l., 204, 207o., 207u., 209o., 210, 211elle; 212alle; 213alle; Lack Profi, Wien 159o.r.; Manfred Klee, Koblenz 65o., 69m.r., 197, 201, 202, 205, 206u.m., 206u.l., 209o., 209m.; Mathias Ebeling, E-Mags-Madia GmbH 165 o.; Matthias Baus für das Theater Koblenz 59; 205; Motortalk.de 143; Munich Airport AG 71o., ÖAMTC Österreichischer Auto-Motor-Club 66, 67u.; Oliver Lück 6l., 60, 87o., 89, 102o.l., 105o., 110, 128o., 217alle; pagenstecher.de 132; Patrik Klok, Renkum NL 88 o., 88u.; public domain 8o., 12, 13, 14 o.r., 15, 17o., 18u., 18o., 19u., 19u.l., 19u., 22, 24o., 33, 40, 73u., 103u.l., 104; 119 o.r., 134 o., 153u.l., 163u.; 170; Rhein-Zeitung, Foto Doris Schneider 196; Rotes Kreuz Museum Salzburg 102 o.r., 127u.; Schiedrum GmbH, Eschwege 70u., Stadt Würselen 141u., Stadtwerke Bad Bergzabern 71m., Svan-Classics.com 30/31u., 35u.r., 36o., 36u., 218-221 alle; Ulf Kaijser, 199alle; Rita und Björn Giesekus 214/215alle; THW Dessau 95u.; Tom Aebersold 73o., 74o., 103o., 125o., 216alle; Udo Paulitz, Duisburg 72 o.r., Volkswagen Espaná 65u., 161 u., 164; volkswagen-auto.net 42/43; VW Archiv, Wolfsburg 14 or., 17o., 18o., 25, 26o und u., 27u., 30u.l., 31o.r., 39, 41o., 55u., 63o., 74u., 75u., 76 o und u., 77o., 124 l., 130o.r., 130u., 148; 153o., 153u.r., 200; VW Nutzfahrzeuge/Ampnet 2; 7u., 8u., 9o., 10/11, 23, 27, 50; 61o., 79, 83o., 91, 91, 95, 107, 112, 121u., 124r., 130o.l., 131o., 133o., 139; 145; 146; 149o., 152o.r., 161o.r., 162, 165u., 166, 167u., 169u.r., 173u., 174; 179 o., 186-190 alle; Westfalia Mobil GmbH, Rheda-Wiedenbrück 119o.l. und u.l., 150, 152o.l., 152u., wvfahrzeugefreiewerkstatt.de 37o.

Creative commons: Alf van Beem 35 u.l., 44, 53 o., 68 o., 157 u.; Andreas Meiser 158 u.r., Andy_BB 29; Andy-Field 97o.; Bernemer Kerb Festzug 111u.; Berthold Werner 45; BlackMizi 125 u.l.; Boing-boing 155u.; Bundesstefan 17o.; christianSchd 111 o., 113 u., 114, 119 u.r., 120, 122, 125 u.r.; CPS 123 u., 54o.; 64o.; Datenhamster-org 116; Detectandpreserve 142o.l., 142 o.r.; DrozdiPn 159u.; Eddy 100, 101 u.; FelixReimann 159 o.l.; Georg Sander 5 r., 38 u., 46; 47o.l.; 47m., 47o., 48, 52, 53o., 57o., 57 u., 58o., 58u., 62o., 62u., 70 m., 75o., 80, 96, 133u.; Jason Vogel 16; Jivee Blau 154 l.; Kelly Sims 70 u.; Kieft 51m.l., 51 m.r., 51 u.; kvetinovy 82; Lukas3z 134, 147, 169o.r.; Markus Spiering 6r.u.; 72u., 84, 85; Marshall Astor 28; Marshaller at hannover airport 183o.; Mattes 155o.; Megapixie 54u.; Michal Manas 184o., 184u.; MPW57: 47u.r.; Norbert Schnitzler 37u., 43r., 61u., 71u., 99u., 117u.; OSX 142u.; Pflatsch 154r.; Pilot Micha 7o., 19o., 31o.l., 68u., 69o., 81o., 83u., 94, 98, 106, 109u., 115o., 129o., 129 u., 222/223alle; Politikaner 131m., 156u.; Ralf Lotys 134 o., Richard Bartz 21; Rico Shen 141o.; RUD66: 128u.; Rudolf Stricker 123o.; Sicnag 90; Sven Storbeck 131u.r., 157o.; Theignitionpoint 101o.; ThorS77: 118u.; Vagabondblogger 86, 118o.; VWBusses 38 l.; Wolfgang Giersing 136; Wiehl 51 o.;